闇塗怪談
醒メナイ恐怖

営業のK

JN036426

竹書房
怪談
文庫

目次

※本書に登場する人物名は、様々な事情を考慮して全て仮名にしてあります。また、作中に登場する体験者の記憶と体験当時の世相を鑑み、極力当時の様相を再現するよう心がけています。現代においては若干耳慣れない言葉・表記が登場する場合がありますが、これらは差別・侮蔑を意図する考えに基づくものではありません。

哺乳瓶

これは知人女性から聞いた話である。

彼女の知り合いにYさんという女性がいた。

Yさんはその当時、結婚して五年目だったが、なかなか子宝に恵まれなかった。

夫婦で病院にも行ったたし、不妊治療のためにかなりの費用を費やしたらしいが、それでも妊娠には至らなかったという。

それまで、早く孫の顔が見たいと言っていた両親や親戚達も次第に孫の話はしなくなり、周囲は腫れ物にでも触るかのように接するようになった。

Yさんも妊娠を諦めた訳ではなかったが、経済的な理由もあり、病院での不妊治療はいったん中断することにした。

そんな矢先、風邪の症状で病院に行ったYさんは、突然医者から、「妊娠二ヶ月」という診断を受けた。

何度も聞きなおしたが、やはり間違いないと断言される。

不妊治療を止めたら子供を授かった——そんな話は彼女自身もよく聞いてはいた。

しかし、どうしても納得のいかない事実があった。それは、

〈もしも、妊娠二ヶ月というのが本当であれば一体誰の子供なのだろう……？〉

ということだった。

逆算してみると、妊娠したと思しき頃は夫が長期出張に出かけていた時期であったし、彼女自身も浮気をした覚えなど断じてない。

どうしても納得のいかなかったYさんは、それを仲の良かった彼女に相談した。

話を聞いた彼女も腑に落ちない事実ではあったが、そこは前向きな返答をしてその場を収めたという。

Yさんも仲の良い彼女からの励ましを聞いて、少しは元気が出たように見えた。

何となく言えないでいた夫にも打ち明けると、彼は手放しで喜んでくれたそうだ。

しかし、臨月に向かうにつれ、Yさんはまた元気がなくなっていった。

彼女にも折につけ悩みを打ち明けてきたらしいが、その内容は非常に謎めいたものだった。

「私って一体どんな赤ちゃんを産むのかしら？　超音波検査のたびに医者が不可思議な顔をして……何も言ってくれないの」

「何くだらないことを心配してるのよ……大丈夫だって！　きっと貴女に似た可愛い赤ちゃんだと思うよ！」

「でも、私もチラッと見たんだけど……。とても人間には見えなかったの」

そんなやりとりだったという。

そして、彼女がYさんに会った二週間ほど後のこと。

朝、夫婦で朝食を摂っていると、Yさんが突然席から立ち上がった。

「誰か来たみたい……」

そう言って玄関へと歩いていくYさん。

夫は、チャイムの音など聞こえなかったし、おかしなことを言うなぁと思っていたそうだ。

玄関を開ける音が聞こえる。

そして、それきりYさんの声は聞こえなくなった。

あまりにも戻ってくるのが遅いので夫が玄関に行くと、そこには既にYさんの姿は見えず、下駄箱の上には数え切れないほどの哺乳瓶が綺麗に並べて置かれていたそうだ。

その後、夫は警察に捜索願を出して懸命にYさんの行方を捜したが、二年以上経つ今になっても手掛かり一つ見つかってはいない。

祭り

これは知人から聞いた話である。

彼の故郷は四国のとある山間の村。

そこで三年に一度大きな祭りがあり、その村の出身者は何処で暮らしていようとも、必ず戻ってきて参加しなくてはいけないのだそうだ。


そりゃ、よほど楽しい祭りなんだろうな？


と聞くと、彼は急に暗い顔になり深いため息をついた。

そうして話してくれたのが、これから書く話になる。


俺の知っている彼の姓は、生まれた時からのものではないという。

要は結婚して婿養子に入り、名字を変えたのだ。

それ自体はさほど珍しいことではないかもしれないが、彼の場合は結婚相手の女性に頼み込み、なかば無理矢理婿養子にしてもらうことで名字を変えたらしい。
それもこれも、彼がその村の祭りに参加しなかったことが招いた結果なのだそうだ。

その年、彼は転職したこともあり仕事に追われる日々を送っていた。
関西の大学を卒業した彼は、四国には戻らず、大阪の会社に就職した。
その後、二度の転職を経験し、その時勤めている会社が履歴的には三番目の会社になっていた。

もう転職はできない……そんな覚悟があった。

だから、故郷の祭りのこともすっかり頭の中から消えていたのだという。
それでも祭りが近くなった時、両親から電話が掛かってきた。

仕事が大変そうだが、ちゃんと祭りには帰ってくるんだろうな？

そう念を押され、彼は、

ああ、うん、ちゃんと分かってるから。

と曖昧な返事をしたのだという。

しかし、結局彼はその年、祭りのために帰省することはしなかった。

昔から遠くに住んでいる者までもが必ず帰省して祭りに参加するのは知っていたし、彼自身も懐かしい顔に会えるのは嬉しいことだった。

しかし、社会人として働き始めると、三年に一度、祭りのためにわざわざ帰省するというのも本当に面倒臭いことだった。

しかも、その年は彼が転職して働き始めたばかりの時。

祭りで帰省するから休みをください、とはなかなか言い出せなかった。

確かに、祭りに参加しない者には恐ろしいことが起こる――という昔からの言い伝えは彼も知っていた。

しかし、実際に恐ろしい目に遭った者など一人も見たことはない。

ゆえに彼は、祭りのことをそれほど大事には捉えていなかったのである。

何年かして仕事にも慣れたら、また参加すればいいさ。

その程度に考えていたのだという。


祭りの前日、そして当日にも両親から彼の携帯に電話が入っていた。

しかし、彼はあえて電話には出なかった。

電話の用件が祭りのことだと分かっていたし、既に仕事の予定もしっかり入っていたから、今更、祭りになど参加できるはずもなかった。


祭りは二日間かけて行われるらしく、その間、ひっきりなしに掛かってくる家族や親戚からの電話を彼は全て無視し続けた。

そして、祭りの行われる二日間が過ぎると、家族からの電話もぱたりと掛かってこなくなった。

彼としては、両親から叱られるものだとばかり思っていたので、少し拍子抜けしてしまったという。

おかしなことが起こり始めたのは、祭りの終わった翌日からであった。

ふと目を閉じた時、突然誰かに名を呼ばれた。

男の声で、まるで彼の頭の中から聞こえてくるような低い声だったという。

不思議なことに、その声は普段は一切聞こえてこないのだが、何故か目を閉じるといつも聞こえてくる。

つまり、夜寝ている時、ずっとその声は聞こえ続けていたことになる。

彼はその頃アパートに住んでいたのだが、隣の部屋や下の階からも苦情が来るようになった。

部屋の中を飛び跳ねたり、奇声を発したり、また呪文のような不気味な声が夜通しずっと聞こえてくるのだ、と。

しかし、そんな心当たりのない彼は、知らぬ存ぜぬを貫き通すほかなかった。

ある時、出先から会社に戻ると、妙なことを聞かされた。

少し前に、当の彼から会社に電話が掛かってきたというのである。間違いなく彼の声で、

「もう会社には戻れなくなりました……」

とだけ告げて電話は切れた、というのだ。

勿論、彼には全く覚えがない。


こんなこともあった。

彼が仕事からアパートに帰ると、玄関ドアの前に男が立っていた。

近づいて声を掛けると、その男はこちらへと振り返った。

……その顔は紛れもなく彼自身の顔だった。

彼は恐ろしくなってその場から逃げて、その日は友人の家に泊めてもらったという。

それからは毎晩、玄関ドアの前から声が聞こえてくるようになった。

呪文のようなものを唱え続ける声が朝まで続く。

しかし、どうやらその声は隣の住人には聞こえていないようで、彼は更に困惑してしまった。


その頃からだ。

彼が周囲にもはっきりと分かるほどにやつれてきたのは……。
同僚や友人達にも心配されるほどだったので、彼も慌てて病院に行ったらしいが何処にも異常は見つからない。

そんな時、前触れもなく父親が彼のアパートを訪ねてきた。
痩せ細った息子の姿を見て父は驚き、こう言ったという。

詳しくは説明できない。
でも今ならまだ間に合うかもしれない。
今すぐ会社も何もかも捨てて、できるだけ遠くに逃げるんだ！
少なくとも百里以上は遠くに行きなさい。
そして、可能なら早く名字を変えなさい。
婿養子でも何でもいい。
それだけが唯一助かる方法だ――と。

正直、何が何だか分からなかった。

ただ痩せていく己の身体に恐怖を感じ、彼は父の言う通りにした。

急いで荷物をまとめると、彼は金沢市へと移住した。

会社への退職願も金沢へ越してきてから郵送で提出した。

ちょうどその頃付き合っていた彼女がいたのだが、事情を話すと、彼女はすぐに彼の話を信じてくれた。

そしていい機会だからと、彼を婿養子にする形で結婚にも同意してくれた。

彼女もここ最近の彼の痩せ方は普通じゃない、霊的なものなのではないか？　と思っていたらしい。

話を聞き終えた俺が、

「それにしても、思い切った行動力だよな？　ある意味、社会人失格だろ？」

と言うと、彼は真顔で、

「いや、そんな悠長なことを言っている暇はなかったんだ。痩せただけじゃない。その頃、少しずつ体が黒くなっていたんだ。もしあのままでいたら、体全体が真っ黒になって、俺はもうこの世に存在していなかったかもしれない……」

そう、返してきた。

故郷を遠く離れ、そして名字も変えた彼は、今では体の黒い部分も消えて怪異も全く発生していないそうである。

銭湯

今ではかなり少なくなってしまったが、昔は金沢市内にも本当に沢山の銭湯があった。

昔はどこの家庭でも、一週間に何回かは地域の銭湯に家族で風呂に浸かりに行くというのが普通だった。

そして、これはそんな古き良き時代に知人男性が体験した話になる。


彼はその頃まだ二十代の独身で、毎週日曜日には金沢市内の銭湯を回って色んな風呂に入るのを楽しみとしていた。

そして、いつも銭湯の開店と同時に一番風呂に入る。

それが至福の時間だったという。


その日も彼は以前から目星を付けておいた銭湯へと向かった。

駐車場は見つからず、近くに車を停めて徒歩でその銭湯を探すことにした。

しかし、なかなかその銭湯が見つからない。

迷いながら辿り着いた昭和レトロな細いトンネルを抜けると、偶然目的の銭湯を見つけた。

こんな場所にあるんじゃ、地元の常連さんしか来られないだろうな……。

しょぼい銭湯かもしれない。失敗だったかな？

そう思いながらガラスの引き戸を開けて中へと入った。

しかし、中に入って目に飛び込んできた光景を見て彼は狂喜した。

古い脱衣カゴ、木製の貴重品棚、壁に貼られた古い映画のポスター、そして小さなガラス扉の冷蔵庫にはしっかりとコーヒー牛乳が並んでいる。

まさに、彼が長年探し続けていた古き良き理想の銭湯がそのまま残されていた。

しかも番台にはいかにもといった感じのお婆さんが鎮座している。

彼は嬉しくなってしまい、番台のお婆さんにお金を渡すとそそくさと靴を脱いで板の間にあがった。

脱衣カゴに手早く衣服を放り込むと、持参した手拭いを片手に浴場へと入っていく。

浴場に入る戸もこれまた木製で、歴史を感じさせるものだった。

中は大きくはないが二つの湯船があり、その手前に両脇一列ずつの洗い場という配置。

正面の壁にはタイルで描かれた富士山の絵が全面を覆っていた。


どうしてこんな素晴らしい銭湯にこれまで来なかったのだろう……!

まさに、自分の好みとピッタリだ。


彼は感動しながら洗い場で軽く体を洗うと、そのまま湯船に向かった。

浴場にも脱衣所にもその時間、彼以外にお客はいなかった。

まさに夢のような状態である。

湯船に浸かりながら地元の人と話すのは嫌いではなかったが、それでも初めての銭湯に来るのならば一人きりに越したことはなかった。


湯船は浅めの浴槽と深めの浴槽の二種類があった。

彼は迷わず、浅めの浴槽に入った。

殆どの場合、深めの浴槽のほうがお湯の温度が高く、彼はいつも体をしっかりと洗ってからじっくりと熱いお湯に浸かるのが好みだった。

そして、その考えは正解だった。

やはり浅い浴槽は低めの湯温であり、のんびりと浸かっても体力が奪われる心配もなかった。

彼はタオルをお腹の部分に当てたままゆっくりと腰を下ろした。

タイルで描かれた富士山を眺められるように体の向きを変える。

最高の気分だった。

それまで体験してきた銭湯の中でも間違いなく最高レベルの銭湯に違いない。

彼は目を瞑って体を深く沈めた。


——と、その時だった。


何か冷たいものが足首に触れたと思った瞬間、ぐいっと足を引っ張られた。

体が滑って湯船の中に顔が浸かる。


何が起きた？

そう思った時には彼の足は冷たい何かの手にしっかりと掴まれていた。

お湯の中に引き込まれて方向感覚がなくなる。

もがけばもがくほど体は深く沈み、息ができない。

それでも、彼の両足を掴んだ冷たすぎる手は離れようとはせず、生まれて初めて「死」という言葉が脳裏をよぎった……。


その時、ふいに手を取られ、引っ張りあげられた。

同時に彼の足を掴んでいた冷たい手の感触が消える。


「大丈夫か？　しっかりしろ！」


ようやく体勢を立て直した彼の前に、一人の老人が立っていた。

心配そうに彼を見つめ、彼が生きているのを見てホッとした顔をする。

彼は浴槽から飛び出ると、逃げるようにして脱衣所まで走った。

慌てて服を着て、そのままその銭湯から出ようとして一度だけ浴場のほうを振り返った。

すると、先ほどのおじいさんが、気持ち良さそうに湯船に浸かっている。

彼は訳が分からぬまま銭湯から飛び出すと、そのまま車に乗って自宅アパートへと帰った。

（……もしかして、自分は知らぬ間に寝てしまっていたのだろうか）

そう思って自分の足を見ると、やはり二本の手指の形のアザがしっかりと両足首に残されていた。

彼は、もう一度だけその銭湯の謎を確かめたくなった。

友人達に付いてきてもらい、一緒にその銭湯へと出向いたそうなのだが、いざ行ってみると様子がおかしい。

その銭湯は、もうずっと以前に閉鎖されていたのだという。

ならばあの日、自分は一体何処の銭湯に入ったというのか？

それから彼は銭湯めぐりを止めてしまったそうである。

ヘビの加護

彼女は幼い頃から、我が一族はヘビの加護を受けて幸せな暮らしを送れているのだと教えられてきた。

確かに彼女の一族からは一流企業の重役や官僚など、そうそうたる地位に就いている者が多く、それ以外の者達も明らかに裕福な暮らしをしている者が多かった。

地元では名士としてもてはやされ、友達からはいつも羨ましがられていた。

それが、彼女の一族が祀っている白ヘビの恩恵なのだと言われれば、そうなのかもしれないと納得してしまうくらいには恵まれていた。

だから彼女自身、何も疑うことなく毎日朝と夜には屋敷の敷地内にある小さな神社へのお参りを欠かさなかった。

ただ、正直に言えば、彼女はその小さな神社へのお参りが嫌で仕方がなかった。

自分達の一族を護ってくれる白ヘビが祀られているのであれば、もっと暖かく清らかな空気に満たされているものではないかと思うのだが、その神社は違った。

一歩足を踏み入れると、常に刺すような何かから監視されている視線を感じたし、何より体が震えてしまうほどの恐怖を感じる。

神社の中に並べられていたヘビの石像も、まるで生きているかのように気持ちが悪かった。


ところで、彼女には三歳離れた妹がいた。

だが、両親の扱いはあからさまに違ったという。いつも自分ばかりを可愛がる両親に、何度か文句を言ったこともあった。

妹にももっと優しくしてよ、と。

しかし、両親は優しく笑っているだけで何も答えてはくれなかった。

そんな感じだったから、姉妹の仲はあまり良くなかったという。

とはいえ、妹自身は両親の差別的な態度に文句を言うこともなかったので、彼女は逆にそれが不思議で仕方なかった。

彼女が社会人、妹が大学生だった頃、彼女と妹は生まれて初めての大喧嘩をした。

喧嘩の原因自体はたいしたことではなかったが、その喧嘩の際、やけくそになった妹が放った言葉が信じられないものだった。

「お姉ちゃんなんか、もうすぐ死ぬくせに……。早くヘビ神様に食べられてしまえばいいのに！」

そんな言葉だったという。

――どうして妹がそんなことを言うのか？

問いただそうとすると、両親の邪魔が入った。

そもそも一族の守り神である白ヘビ様が、自分を食べに来るというのはどういう意味なのか？

そして、自分がもうすぐ死ぬとは？

それを両親に尋ねても、両親は優しく笑っているだけだった。

しかしその笑顔はいつもとは違い、何処か引き攣った、何かを隠しているような歪な笑顔に見えたという。

それが気になって仕方なかった彼女は、気付かれないように一族の中で怪死した者や行方不明になった者がいないかを調べ始めた。

すると、怪死した者はいなかったが、行方不明になっている者が二十年に一度くらいの間隔で存在していることが分かった。


そうなると、彼女はいても立ってもいられなくなった。

一族の人間から真実を聞きだすのは無理だし、危険だと判断した彼女は、音信不通で関わるなと言いつけられている遠縁の老人に何とか連絡を付けて話を聞くことができた。

そこで彼女は驚愕の事実を聞かされることになった。


彼女の一族では確かに昔から白いヘビを祀っていた。

しかし、それは白ヘビの加護を受けるためというより、餌として一族の人間を差し出すことと引き換えに与えられてきた恩恵、約束なのだという。

人身御供を捧げることがそもそもの絶対であり、恩恵は余禄だ。

そして、人身御供になる人間は生まれた時から一族で決められるそうであり、その名前には必ず○という漢字が使われるのだ、と。

○という漢字が名前に使われた子供は、とても大切に育てられる。
恐ろしいのは、それが人身御供という運命を背負わせてしまった負い目からでもなければ、可哀想に思う気持ちからでもないということだ。

全ては「最高の状態」でヘビ神様に捧げるため。

ただそれだけなのだ、と。

そういう呪われた家系が嫌になってその老人は一族から距離を置き、独りぼっちで暮らすようになったという。

「お前の名前にも、○という漢字が使われているのではないのか?」

老人にそう問われ、彼女は雷に打たれたような思いだった。

確かに、彼女の名前には○という普通は人の名前には使われないような漢字が入っている。

両親が付けてくれた名前だから特に嫌だと思ったことはなかったけれど、その話を聞いた途端、彼女は吐きそうになるほどの嫌悪感で満たされたという。


それからも、彼女はいつも通りの生活を続けた。

老人に聞いた話が本当だとしても、それが自分の運命ならば受け入れるしかない。

そう思っていたという。


それでも、そんな簡単に心に折り合いが付く訳もなく、彼女はどんどん精神的に疲弊していった。

そしてある日の晩、発作的に自分の命を絶ってしまおうと思った。

もう全てがどうでも良くなっていた。

刃物を使う勇気はなかったので、首を吊ろうと考えた。

座ったままタオルで作ったロープに己の体重をかけていく。

少しずつ意識が遠のいていくのが分かる。

何故か涙が止まらなかった。

視界が狭まり、急速に目の前の景色が暗くなっていったその時、突然、彼女の目の前に見知らぬ女性が立っていた。

ちょうど彼女と同じくらいの年齢であり、白い着物を着た女性は、何処か自分の母親の顔に似ているな、と感じたという。

女性は悲しそうな顔でじっと彼女を見つめていた。

見つめたまま、静かに首を横に振ったという。

その瞬間、突然体が軽くなり彼女は意識を失った。


気がついた時には、見知らぬ駅のベンチに座っていたという。

何故か服は外出用のものに着替えられており、ポケットには貯金通帳と財布が入れられていた。

彼女はそれを見て、〈このまま逃げろ〉ということなのだと悟ったという。

彼女は胸に落ちた直感に従い、そのままホームに入ってきた電車に乗り、できるだけ遠くに逃げたという。

家族には一切連絡を取らなかった。

それでも唯一連絡を取っていた従兄妹から、三年後にある知らせが入った。

それは、妹が行方不明になったという知らせだった。

すぐに真実を確かめたかったがそれは叶わない。

(地元に戻ったら、また……)

そう考えると、どうしても実家には戻れなかったという。

最後に彼女はこう言っていた。

「あの子は……妹は間違いなく私の代わりにヘビ神に捧げられたんだと思います。従兄妹から聞いたんです。妹が改名して、名前の一文字をあの○という漢字にしたって……。あの話が本当なら、きっと妹は既にヘビに食べられているんでしょうね……」

現代でもそんなことが続いているなんて。

人間の命と引き換えに得た繁栄に何の価値があるんでしょうか?

私には分かりません……と、彼女は目を伏せた。

コレクター

世の中には本当に変わった物ばかりを集めている人がいる。

以前、中古の黒電話ばかりを集めて悦に入っているコレクターの話を書いたと思うが、その価値が理解できない俺にとっては、奇妙な行動としか感じられなかった。

確かに古き良き時代を懐かしむという趣向は分からないでもないのだが、その蒐集が〈曰くつきの物〉となると、また話は違ってくる。

そして、俺の知人にはどういう訳か昔から曰くつきの物ばかりを集めているコレクターが数人存在する。

俺からすれば、そんな物騒なものとはできるだけ距離を置きたいというのが本音だが、彼はそうはさせてくれない

新しいコレクションが手に入るたびに、必ず俺に連絡してくる。

こんなのはどうだ？　と披露しては、ビビる俺の反応を感じ取って嬉々としている。

仕事関係の知人なので断りきれない側面もあるにはあるのだが、結局その都度、ほいほい馳せ参じてしまう己の行動もまた解せない。

やはり、気付かぬうちに俺自身も曰くつきの品々に魅入られているのかもしれない……。


さて、そんな彼らには共通点が幾つかある。

第一に、かなり裕福であること。それから独身であること。

そして、その蒐集物の全てが「死」と関連しているということである。

彼らはいつからか「死」というものに魅了され、生きているうちに可能な限り「死」というものを理解し、本能でそれを感じようとしているように窺える。

それが叶うなら、自分の命を危険にさらすことすら厭わないのだ。


そんなコレクターの中の一人と、先月から連絡が付かなくなってしまった。

失踪したのだという。

これから書く話は、彼が失踪するちょうど半年くらい前の出来事になる。


その日、彼から掛かってきた電話はいつもと様子が違っていた。

少し意地悪で無邪気な、あの嬉しそうに高揚した声ではないのだ。

──何か大変な過ちを後悔しているような沈んだ声。

その声に胸騒ぎを覚えた俺は、彼の懇願を受けてすぐに向かった。

彼の自宅は言わずもがな豪邸で、独り暮らしとは思えない、完璧に掃除の行き届いた室内にいつもながら驚かされる。

しかし、俺を出迎えてくれた彼の顔は明らかに何かに怯えていた。

いつもの自慢げに宝物を見せびらかす彼しか知らない俺にとって、その時の彼の表情は焦燥感さえ感じるものだった。

「忙しいのにすまない……何とかできるならば助けてほしい……」

それは、初めて聞く彼の弱音だった。

そして言いにくそうに彼はこう続けた。

「今から見てもらう物は……君にも害を及ぼす可能性がある……。それでも、どうしても見てほしいんだ……。無理を言っているのは承知の上だ。頼む、僕の我侭を聞いてくれないか？」

これまで、コレクションのためなら死をも厭わなかった彼。

いや、もっと言えば、早く死というものを実感したがっていた彼からの意外な懇願に、俺は一瞬面食らってしまった。

（それほど危険なものなのか？　だとしたら、見るべきではないのでは……）

そんな思いが頭をよぎる。

しかし、俺自身ももう、その曰くつきの物に搦めとられていたのかもしれない。疼く好奇心がふつふつとあぶくを立てていた。

「自己責任……ということですよね？　勿論、分かっています」

気付けば、無意識にそう答えていた。

彼は一瞬、ホッとした顔を見せると、俺を屋敷の庭にそびえる大きな蔵へと案内した。

俺も良く知っている、彼のコレクション置き場だ。

これまでも幾度となくこの蔵の中に導かれた。

そうして見せられた品々は確実に嫌悪感を催すもので、そのたびに俺は自分の好奇心を呪い、眠れぬ夜に悶々と後悔を繰り返すのだった。

きっと今夜もそうなるだろう。それが分かっていてなお引き返せない。


蔵の前に着くと、彼は上着のポケットから束になった鍵を取り出した。

その時、俺は蔵の扉に付けられた無数の鍵に釘付けになった。

前はここまで厳重ではなかったはずだ。


「鍵……増えてますよね？」


その問いかけに彼は何も答えなかった。

いや、答える余裕すらなかったのだろう。

彼の背中は、服の上からでもはっきりと分かるほどに震えていた。

幾重にも掛けられた頑丈な南京錠を全て外し終えると、彼は大きく深呼吸をしてから蔵の入り口の鉄製ドアを開けた。
対人センサーが感知し、自動で照明が点いたのを確認すると、彼は後ろに俺がちゃんとついてきているのを確認してから蔵の中へと入っていく。

過去に何度も訪れたことのある見慣れた蔵の中。
しかし、何かいつもとは違っていた。
蔵の中の空気が重く、張り詰めている。
まるで、誰かが俺達の動きをじっと見つめているかのような視線を感じる……。
俺は息苦しさをぐっとこらえて蔵の奥へと進んだ。

前方に大きな衝立のようなものが見える。
更に数歩近づいた時、俺は蔵の中に入った時から感じていた視線の正体を理解した。

お面……？

蔵の突き当たりが壁のようになっており、そこに無数の面が飾ってあった。

「……この面が今回の？」

そう尋ねると、彼は震える声で話し始めた。

「これは面ではなくてデスマスクだよ。知人から大枚をはたいて譲り受けたんだ」

「デスマスク……。なんで、そんな物を……？」

俺がそう聞くと、彼は虚ろな目でマスクの陳列を見つめた。

「これは、普通のデスマスクではないんだ。生きている人間の顔に石膏やロウで蓋をして、窒息死させて作った物だと聞いた。つまり死んでから型を取ったのではなく、生きたまま型を取ったデスマスクさ。だから、どのマスクも苦悶の表情を浮かべているだろ？」

言われて、今一度じっくりとマスクを見る。

だが、俺の目にはそのどれもが嬉しそうに笑っている顔に見えた。

そして次の瞬間、そのマスクが一斉にギョロリと目を動かしたのだ。

デスマスクに目があるはずがない……！

そんなことは百も承知だったが、それでも間違いなくそれらのデスマスクには目があり、それらが一斉に動いたのだ。


「出ましょう！」


くるりと踵を返すと、俺は一目散に蔵の外を目指した。

彼はまだ後ろ髪を引かれているようであったが、有無を言わさぬ俺の態度に黙って後からついてきた。

……見てはいけないモノを見てしまった。

俺はその時、腹の底から後悔し、恐怖と絶望に圧し潰されそうになっていた。

それ以上、一分たりともそこにいたくなくて、そのままそそくさと挨拶を済ませると、逃げるように彼の家を後にした。

それが、彼と会った最後だった。

あれから何度か電話が掛かってきたが、俺はどうしても出る気になれなかった。業を煮やした彼はラインで、俺に何通かのメッセージを送ってきた。

〈あいつらの顔がいつでも側にいるんだ〉
〈僕もじきにデスマスクになりそうだ……〉
〈ああ、もうすぐここにあいつらが来てしまう……〉

そんな内容だった。

それから間もなく彼は行方不明になり、誰も彼の行方は知らない。
やはり、あのマスク達に連れて行かれてしまったのだろうか……。

それを知る方法はないのだが。

貧窮

これは知人女性から聞いた話である。

彼女は現在五十代であり、独身のまま独り暮らしをしている。

一緒に暮らしていた母親は数年前に死別したらしいが、これから書く話はまだ母親が存命中の出来事になる。


彼女は四十代半ばの頃、経済的にかなり逼迫していたそうだ。

家賃一万円未満の安アパートに住み、足腰を悪くして寝たきりの母親の世話を続けていたが、彼女も仕事のストレスから鬱になってしまい、結局、その会社を解雇されてしまったという。

なけなしの貯金もすぐに底を突き、生活保護を申請したらしいのだが、役所からは体よく門前払いされてしまった。

親戚を頼るも、親戚はまるで厄介払いでもするかのように彼女達親子には一切手を差し伸べてはくれなかった。

彼女はその頃、本当にゴミ箱を漁り、まだ食べられそうな食べかけの弁当や、廃棄された食材を持ち帰って母親との食事に当てていた。

食事というものは美味しいものではなく、生きるためだけの栄養を摂取すること――それが身に染みて感じられたという。

そのうち電気が止まり、ガスが止まり、やがて水道まで止められてしまうと更に生活は厳しくなった。

拾ったペットボトルに公園の水道から水を入れて持ち帰る。

風呂になど入れるはずもなかったが、それでも月に何度かは体を拭くためにかなりの本数のペットボトルに水を入れて持ち帰らねばならず、それがとても辛かったという。

そうして、彼女達は息を潜めるように安アパートの部屋で暮らしていた。

毎日やってくる大家は、酷い暴言を浴びせて家賃の催促をしたらしいが、それでもその後の辛さに比べればまだマシなほうだった。

生活費が底を突いてから初めて体験する冬はまさに地獄だったという。

ゴミ箱から拾ってくる食材が腐っている確率は低くなったが、寒い日などは公園の水道が凍ってしまい、水が出ないこともあった。

そんな時、窓の外に積もった雪を部屋の中に持ち込んで、それを溶かして飲料水にしようとしたが、ストーブも点いていない冷え切った部屋の中では雪もなかなか融けてはくれなかった。

何もする力が湧かないので、いつも寝てばかりいたが、何も食べていない状態では人間の体から熱は放出されず、布団の中はずっと冷たいままだった。

そんな状況の中で彼女は、いつもこんなことを考えていた。


どうして生きなきゃいけないんだろう？

死んだら楽になれるのかな？


目を瞑れば、それはかりが頭をめぐる。

だから、彼女は飢えと寒さの中で眠りに落ちる前にいつもこう願った。

このまま目が覚めませんように……と。


しかし、母親一人をこの世に残していくこともできない。

彼女は何度も、母親を殺してから自分も死ぬことを考えたが、どうしても踏ん切りが付かず、実行に移せずにいた。

ただ死んでいないというだけで何の目的もない生活。

日ごとに痩せ衰えていく母親の姿を見ては、いつも涙ばかり流していた。


そんなある日、彼女のアパートのドアを誰かがノックした。

家賃の催促だと思い息を潜めていると、何かを玄関前に置いていくような音が聞こえ、そのまま足音は遠ざかっていった。

用心してドアを開けてみると、そこには沢山の野菜や果物が置かれていた。

土が付いたままの野菜や果物を、彼女と母親はむさぼるように食べたという。


そして、食べ終わって一息つくと、今度は一体誰がこんなものを持ってきてくれたのかということが気になった。

その頃は親戚からは完全に疎遠にされていたし、親しい友達などというものは彼女には皆無だった。

(では一体、誰が……?)

頭では疑問に思いつつ、全てが限界だった彼女は深く考えることを放棄した。

これでまた暫くは生きられる……彼女は見知らぬ相手に心から感謝して手を合わせた。


しかし、それからも不可思議なことは続いた。

役所から、すぐに生活保護の受給を受けてほしいと連絡が入ったのだ。

それればかりか、見知らぬ会社の人事関係の者と名乗る人達が何人も彼女のアパートにやってきて、在宅での正社員採用を受けてほしい、と言ってきた。

一体何が起こっているのか……彼女には全く理解が追いつかなかった。


結局、彼女は生活保護は受けずに、在宅ながら正社員として働く道を選んだ。

仕事に必要な電話やパソコン関係は全て会社が用意してくれて、彼女と母親の生活は少しずつ立て直されていった。


そうして、仕事を始めて数ヶ月が経った頃。

彼女は思い切って採用してくれた会社の担当者に、これまで疑問に思っていたことを聞いてみた。

どうして突然、私を雇おうとしてくださったんでしょうか、と。

するとその担当者は少し口ごもった後、内緒ですよと前置きしてこう話してくれた。

実はうちの社長のところに毎晩、亡霊のようなモノが現れて、貴女に仕事を与えるようにと訴えたんだそうです。

毎日毎晩夢枕に立たれて、貴女の住所と名前を告げてくるらしくって……。

調べたら本当にその住所にその名前の人がいるでしょう？

それで怖くなってとりあえず肩書きだけでもいいから貴女を正社員にして働かせようとしたみたいですね。


「でも、正解でしたよ」

「え？」

「凄く真面目に丁寧に働いてくれているんで、今じゃその亡霊に感謝したいくらいだってみんな言ってますから」

そう言ってにっこり微笑んでくれた担当者に、彼女はようやく全ての謎が解けた気がした。

ただ、どうして亡霊が自分のことを知り、助けようとまでしてくれたのか、その根本的なところは今でも理解できないという。

「心当たりというか、もしかしたら……と思うのは、偶然通りかかった無縁墓地に道端に生えていた野菊をお供えして、簡単に掃除してあげたことがあったんです。ただそれだけなんですけれど……」

彼女は照れ臭そうにそんなことを言っていた。
それからは母親と二人、人並みの暮らしが送れるようになった彼女。
数年前に老衰で母親が亡くなった際もしっかりと葬儀を執り行うことができたそうで、今でもその亡霊さんには感謝しかないという。

おまけに今でも彼女が住むマンションの部屋の前には、時折土が付いたままの野菜が置かれている。ありがとうございます、もう大丈夫ですと心の中で伝えるも、相変わらず贈り物は続いている。
彼女は毎日、お菓子を玄関ドアの前に置いて、お礼の気持ちを伝えているそうである。

メール

これは知人男性が体験した話。

彼は金沢市の北部に、家族三人で住んでいた。

彼と奥さんと高校生の娘さん。

奥さんとの仲は良かったが、思春期の娘さんとはあまり会話がなかったという。

そんな平凡で当たり前の暮らしがずっと続くと思っていた矢先、不幸は突然にして訪れた。

奥さんに病気が見つかったのである。

治療はしたものの、既に手遅れだったらしく、半年という早さで急逝してしまった。

悲しみに暮れる暇もなく、葬儀を済ませ、あれやこれやの手続きを終え、形だけは普通の生活に戻った時、父娘の会話は更に減っていたという。

心にぽっかりと穴が開いてしまった彼は、何とかもう一度奥さんに会いたいとそればかりを思っていた。

仕事も手に付かず、酒を飲んでも美味しく感じない。
自分は何のために生きているのか……。
答えの見出せぬ自問を繰り返す日々は、地獄の苦しみだった。

そんな時、仕事中の彼の携帯に一通のメールが届いた。
開けば、それは他でもない、奥さんからのメールであった。
メールの差出人欄には、登録しておいた奥さんの愛称がはっきりと表示されている。
だが、奥さんの携帯は既に解約済みだ。メールが届くことなどあり得ない話だった。
何より、奥さん自身がもう亡くなっているのだから……。
しかし、彼からそんな冷静な思考を奪ってしまう事実が一つあった。
それは、メールの冒頭部分。

〈すみません。今、メール大丈夫?〉

という文面だった。
奥さんは彼にメールを送る際、電話で話す訳でもないのに〈すみません。今、メール大丈夫?〉と聞いてくるのが常だった。控えめな奥さんらしい癖で、彼はいつもその文面を見るたびに微笑んでしまうのだった。

だから、彼はそのメールの差出人が亡くなった奥さんに違いないと確信した。

そして、すぐに返信を送ったそうだ。

それからの彼の生活はとても充実したものになった。

暇さえあれば、奥さんとメールのやりとりをした。

仕事で嫌なことがあっても、奥さんとのメールで彼の気持ちは癒された。

亡くなった奥さんとまだ繋がっていられるということが、この上なく幸福に感じられたのである。

そんな彼の気持ちが伝わっているのか、彼がメールを送ればすぐに奥さんからも返信があった。

メールの内容はいたって普通の会話そのものだ。

今日は何を食べたとか、こんな嫌なことがあったなど、生前、奥さんと会話していた時となんら変わらなかったが、何故か奥さんの返信内容は生前よりも優しいものに感じられたという。

そのうち、彼は普通の会話から逸脱し、危険な方向へと向かっていく。

というのも、彼は奥さんが今どんな状況にいるのかが気になって仕方がなかったのだという。


〈そっちは、暮らしやすいの?〉

〈メールだけじゃなくて実際に会えないの?〉

そんな内容のメールを度々送っていた。

奥さんからの返信には、〈此方はとても素晴らしい世界で、幸せを感じている〉という内容が書かれていた。

やりとりを重ねるほどに奥さんの存在がはっきりと感じられる。そのうち彼は本気で奥さんと会えるのではないかと思うようになっていた。


そんな時だった。

「ねえ、最近、どんどん痩せてきているけど……大丈夫?」

それまで会話がなかった娘さんが唐突に声を掛けてきた。

そこで彼は、亡くなった奥さんとメールをしていることを初めて娘さんに打ち明けたという。

だから今、お父さんはとても幸せなんだよと笑う。

彼は、奥さんとのメールのやりとりを娘さんも喜んでくれるものだと確信していたのだ。

しかし、娘さんからの言葉は、冷静なものだった。

「何を馬鹿なことを言ってるの？　お母さんは死んだんだよ？　だから、そのメールのやりとりも絶対にお母さんじゃないから！」

娘さんは彼から携帯を取り上げると、その場でこんな文章をメールした。

〈最近、生きているのが辛いんだ。だからもう、いっそのこと、迎えにきてくれないか？〉

送信ボタンを押してしばらく待っていると、すぐに奥さんから返信があった。

そこにはこう書かれていた。

〈それじゃ、今から迎えに行ってあげる。死んで楽になればいいよ！〉

その返信を見て、娘さんがこう言った。

「ほら！　やっぱり、こいつ、お母さんなんかじゃないよ？　お母さんだったら、絶対に迎えに行くなんて言わないから。辛かったら死ねば？　なんて絶対に言わないよ！　頑張って生きろって言うに決まってるもん！」

そう言うと、娘さんは、すぐにまた返信メールを返した。

〈あんた、誰？　絶対にお母さんじゃないから！〉

すると、立て続けに奥さんからの返信が返ってくる。

〈迎えに行く……〉

際限なくその言葉が書かれていたという。

娘さんは、すぐに彼の携帯の電源を切った。

そして、「今度の日曜日、携帯を新しいのに変えなきゃね。それまでは、絶対に携帯の電源を入れちゃ駄目だからね！」と彼に言ったという。

しかし、その夜が大変だった。

真夜中、玄関のチャイムはずっと鳴りっぱなしだった。

そして家の外からは、母親の声色で、

「入れておくれ……入れておくれ……入れておくれ……入れておくれ……」

という声が延々と聞こえてくる。

強気に見えていた娘さんもやはり怖かったらしく、起きてきてリビングでガタガタと震えていた。

その様子を見て、ようやく彼も目が覚めたという。


もっと自分がしっかりしなくては！

亡くなった奥さんの代わりにしっかりと娘を護らなければ！


そんな気迫が漲ってきたのだそうだ。

彼は娘を護るように勇気づけながら、ひたすら朝が来るのを待ち続けた。


そして、ようやく朝の光が射したところで俺に連絡してきたという次第である。

何とか助けてほしいと懇願する彼に、俺もどうにかしてやりたくて、いつもお世話になっている霊能者のAさんに相談した。

かくかくしかじかと電話で説明すると、Aさんはまず、彼の携帯を持ってくるようにと俺に言った。

俺は言われるがまま彼から携帯を預かると、そのままAさんの所へ向かった。

「はぁーん、これですか」

Aさんは携帯を受け取ると、すぐに電源を入れて、メールの着信履歴からこう返信した。

〈あんまり舐めた真似してると、消滅させるよ？〉

それからはもう、二度とその携帯に亡くなった奥さんを装ったメールが来ることはなくなったという。

頭が固すぎると

非科学的なことは一切信じない。

そういうタイプの人間は、案外多いのではないかと思う。

Yさんがそうだった。

理屈で説明が付かないことは全て見間違いだと断定し、目の前で不可思議なことが起こっても目の錯覚として片付ける。

典型的な超常現象否定論者なのだ。

俺はそうした考え方を否定するつもりは全くない。だが、物事にはある程度の順応性も必要かもしれないなとは思う。

これはそんな話だ。


ある時、Yさんが友人達と登山に出かけた。

軽い日帰りならそれまでも経験済みだったが、今回は生まれて初めての山小屋泊だ。

日頃の運動不足がたたってか、かなり辛い山登りになったらしいが、問題はそこではない。

Yさんはその登山中、友人達と何枚も写真を撮った。

登山一日目に撮った写真はいたって普通の写真だった。

しかしその日の夜、山小屋で写した写真に見知らぬ女が写り込んでいた。

およそ登山とは関係ない服装をした、髪の長い女だった。

Yさんの肩にすり寄るようにして写り込む女の顔は、ずっと彼のほうを向いていた。

そして、翌日。

下山するまでの間も沢山の写真を撮ったのだが、やはりそこにも山小屋の写真と同じ女が写り込んでいた。

滝の前、山頂での集合写真、その他、Yさんが写っている写真にはどれもその女の姿がはっきりと写り込んでいた。

女の肢体はヘビのように細長く、彼の全身に絡みつくような格好で写っている。顔を除けば、とても人間とは思えない不気味さだったという。

そして、何故かYさんから離れようとしない。

常にYさんの横や背後にいて、その顔を覗き込んでいた。

集合写真でもそれは同じで、やはりYさんだけにピッタリとくっ付いている。

山から帰ってきてそのことに気付いた友人は、慌ててYさんにその写真を見せた。

一緒に行った友人達は皆、あまりの不気味さに恐怖すると共に、Yさんにこう進言した。

これはどう見ても心霊写真。

悪いモノだったら大変だから、すぐに然るべき場所でお祓いしてもらったほうが良い、と。

しかし、Yさんは全く動じず、

そんなモノがこの世にいるはずがない。

これは、知らない誰かが写り込んだか、そうじゃないとしたら、きっと誰かの悪戯による合成写真に決まってるさ！


そう言って、頑として友人の進言を受け入れなかったという。

周囲は何度もYさんを説得したが、Yさんが自分の考えを変えることはなかった。

とはいえ、Yさんも良い気持ちではなかったのだろう。

以降、どれだけ登山や旅行に誘っても、決して首を縦には振らなかったという。


「お前達と一緒に行動すると、また合成写真を撮られるからな」


それが、いつもの断り文句だった。

最初は心配していた友人達も、Yさんの頭の固さに呆れてしまい、それからは距離を置くようになったという。


しかし、どうやら山で出会った女は、そのままYさんに憑いて山を下りてきてしまったようだ。

その後もYさんを撮った写真には、必ずその女が写り込んだ。

車の運転をしていても、後部座席を映すミラーには常にその女の顔が映っている。

そのうちYさんの視界には必ずその女の姿がちらちらと入り込むようになる。

Yさんはみるみるうちに痩せていき、一方で女の顔は嬉しそうな笑い顔へと変化していった。

寝ている時さえも、女は片時も離れず、枕元のすぐ横に立ってYさんを見下ろしている。

Yさんにもそれが見えている……。

それでもYさんは、「見間違い」「気のせい」と無理矢理自分に言い聞かせていたそうだ。

さすがに心配した家族が、お寺や神社に相談したらしいが、当のYさんは頑なにそれを受け入れなかった。

そうしてある日の朝、Yさんは独り冷たくなっているのを発見された。

首が一八〇度回転し、両目を大きく見開いた恐怖の形相で……。

そんなYさんも最期に何かを悟ったのかもしれない。

彼が握り締めたカメラには、女の顔がアップで写し出されていた。

それはうっすら笑みを浮かべた不気味な女の顔だったそうである。

犬の怖い話

これは知り合いの弁護士さんから聞いた話になる。

ある時、一人の男が、独り暮らしの老人宅に強盗に入った。

どうやらその男は、老人が愛犬を散歩に連れ出す時間帯を事前に調べてあったらしく、家に侵入した際も、その隙を見計らって空き巣に入るつもりだったらしい。

しかし、その日は運悪く、年老いた愛犬の体調が優れなかったために散歩には行かず、家の中にいる所をその男と鉢合わせしてしまったのだった。

偶然は最悪の結果となった。

予定が狂い焦った男は老人を殺して金品を奪った。

近所に住む知人がたまたま訪れた時、老人は居間から廊下へ顔だけを出す形で倒れており、急いで救急車を呼んだが、その場で死亡が確認された。

そして、居間にはもう一つの遺体、いや死骸があった。

老人の飼っていた愛犬が、主人を護るように体を寄せて死んでいたそうだ。

その目はカッと見開かれたままであり、同じく開いたままの口からは牙が見えていたという。

間もなく犯人も逮捕された。

近くに住む四十代の無職の男だった。

刑期は無期懲役。

空き巣に入り、偶然にも強盗してしまったという主張は認められず、明らかな計画的強盗殺人と判断された。

かくして男は刑務所にて服役することになった。

殺された老人のほうはというと、身寄りもない天涯孤独の境遇だったらしく、そのまま市が管理する無縁墓地へと埋葬された。

それは人づてに犯人の耳にも入ったが、さりとて反省するでもなく、一日も早く窮屈な刑務所を出たいということしか頭になかったようである。そうした下心ゆえか、表面的には真面目な模範囚として立ち回っていた。

だが、この話を聞かせてくれた弁護士は分かっていた。彼はいまだ悔いることも本気で反省することもしていない。

どうしてこんな男が生き続け、善良な老人が殺されなければいけないのか……。

仕事上、彼の弁護を担当したものの、そんなふうに思うことも度々だった。


ただ、そうした事件は決して珍しいことではないのだという。罪を犯しても、腹立たしいほどに太々しい人間というのは必ずいる。

しかし、その後犯人の男の身に起こった出来事はとても不可解で、常識では説明がつかぬことだった。


男はある日、刑務官にこう願い出たという。

「壁の外にいる犬がうるさくて寝られないんです。何とかなりませんか？」

しかし、刑務所内に犬などいるはずもなく、他の受刑者で犬の吼える声を聞いた者など一人もいなかった。

ゆえに男の申し出はそのまま黙殺された。

しかし、男の耳には昼夜を問わず、ずっと犬の吼え声が聞こえているようであり、刑務官達も男の動揺具合からして、とても演技とは思えないと感じていたらしい。

気になって建物の外壁を調べてみると、そこには犬の毛と思しき獣の体毛が無数に落ちていたという。

やがて男は声だけでなく、姿をも見るようになった。

突如逃げるように走り出したり、目に見えない何かに怒鳴ったりと、かつての模範囚とは思えない態度を取るようになってしまい、頻繁に独房に入れられるようになっていった。

そして、ある時から他の受刑者達の顔が犬に見えてしまうようになった男は、雑居房にはいられなくなり、完全に独房での生活を余儀なくされた。

独房に入れられていても、今度は刑務官達の顔が犬に見えてしまうらしく、男に安寧はなかった。

吼え声も相変わらず聞こえており、眠ることすらできない。男は日増しに痩せていった。

刑務官達も男の訴えが幻聴や幻覚だと思っていた訳ではない。

男が言う通り、独望のドアの外にも犬の毛が何本も落ちていたからである。

やがて男は、毎晩、独房の中で犬に襲われるようになったらしい。

朝、刑務官が確認に行くと、腕や足から血を流した状態で男が倒れていた。医務室に運ばれ調べた結果、男の手足には犬に咬まれたとしか思えない傷痕が幾つも残されていたそうだ。


そして、とうとうある日の朝、男は冷たくなった状態で独房の中で発見された。

体に無数の傷が残された状態で。


男の体は至る所の肉が噛み千切られていたが綺麗に舐め取られたのか、出血は何処にも見当たらなかった。

特に男の顔はといえば、本人かどうか確認できないほど食い散らかされていたそうである。

更に不思議な話だが、その時、独房の中には獣臭が充満し、犬の毛が無数に落ちていたという。


それから、その刑務所では不可思議なことは起きなくなったが、この話には後日談がある。

男の遺体は親族に引き取られた後、火葬され一族のお墓に埋葬されたそうなのだが、その墓から男の遺骨だけが綺麗に消えてしまったという。

そして、そこにもやはり、無数の犬の毛が落ちていた。

死んでからも男が許されることはないのかもしれない。

霊能者

俺がこれまで色々な怪異に見舞われ、それでも無事で過ごしているのは決して自分の力でもなければ運の良さでもない。

俺の周りには三人の霊能者が存在している。

一人は僧侶。

そして、残りの二人はといえば、普通の教師と大学生である。

僧侶はともかくとして、他の二人は霊能力者と呼ばれるのを毛嫌いしている。

だが、俺は内心、その二人を現世でも屈指の霊能力者だと認めている。

そして、今回はその中からAさんという女性霊能者について書いてみようと思う。

過去の俺の書籍の中にも何度も登場している彼女をこの辺で紹介しておかないと、今後の話に説得力がなくなってしまうからだ。

Aさんというのは勿論、本名ではない。

彼女が絡んだ話を公然と書いているのがバレてしまうと困るため、以前からブログ内でも、そう呼んでいる。
とにかく目立つこと、注目されることが嫌いな人なのだ。
年齢は三十歳を過ぎたあたり、かなりの美貌の持ち主である。
スタイルも良く身長も高く、そして何よりも美人だ。
黙って歩いていれば、きっとモデルと間違われてしまうだろう。
そんな外見だから、二人でいる所を見た知人からこう言われる。

凄い美人だったな……。付き合ってるのか？　羨ましすぎるぞ——と。

しかし、俺にとってAさんとは勿論そういう存在ではない。
はっきり言えば、怖い存在。

彼女の前では嘘など通用しない。
その証拠に、俺が初めてAさんと出会った時、こう言われた。

貴方、勘違いしちゃいけませんよ。

貴方がこれまで無事に生きてこられたのは貴方の守護霊のお陰ですからね。

亡くなられたお姉さんが、いつも心配そうに側にいます。

良かったですね、とても強いお姉さんで。


確かに俺には幼少の頃に亡くなった姉がいたが、そんなことを誰にも言った覚えはない。

しかも、初対面のAさんにどうしてそんなことが分かるのかと驚かされたものだ。

それからAさんのことを知っていくうちに、どうやらAさんには霊的なモノは全て視えてしまっているのだと確信し納得できた。

だから、何かと頼りにはなる。

しかし、その性格は男勝りで負けず嫌い。

元々は良家の出身なのだからもう少し上品にすれば良いのにと思うが、とにかく面倒なことが嫌いな彼女は彼氏もおらず、どんな相手にも好きなように話し、思った通りに行動する。

ある意味、変わり者で偏屈者。

除霊をしても曰くつきの場所を封印しても一切謝礼は受け取らない。

決してそれを生業にしている訳ではないから。


その代わり、自分の好きな方法で行動する。

ルールやセオリーなど関係なく、信じるのは自分の経験のみ。

きっと敵も多いのだろうが、味方はもっと多いのだろうと思われる。

それは、そのざっくばらんな性格だけでなく、彼女の持っている能力のお蔭であることは間違いない。

勿論、俺もその一人だ。

何しろ俺は、このAさんに幾度となく助けられているのだから。


Aさんと出会って半年ほど経った頃、こんなことがあった。

とある心霊スポットに行った俺は、自分でも気付かないうちに何かに取り憑かれていたそうだ。

まるで雲の上を歩いているような不安定な感覚を日に何度も感じるようになっていた。

ちょうどその時もそんな感覚に襲われていた。

ふらふらと街中に出たことまでは憶えている。

そして、突然、Aさんから携帯に着信が入った。


〈何してるんですか？

そんな所から飛び降りたら間違いなく死にますけど？

まあ、死にたいのなら止めませんけど……〉

そう言われてハッと我に返った俺は戦慄した。

どうやって上がってきたのか、ビルの屋上の一番端に立っていたのである。

高所恐怖症の俺には考えられない行動だった。


また、こんな出来事もあった。

仕事の出張で東京に行き、その夜は都内のビジネスホテルに泊まることにした。

何か暗い感じのする部屋に案内された俺は、そんな憂鬱を吹き飛ばそうと街に飲みに出た。

部屋に戻ったのはかなり遅い時刻だったから、俺は翌日の仕事に備えてさっさと寝てしまうことにした。

異変に気付いたのは布団に入ってすぐのことだった。

隣の部屋のドアをノックする音が聞こえてくる。

いくら待っても止まないノックの音に、俺は思わず部屋のドアを開けて文句を言おうと思った。

廊下に顔を出すと、隣の部屋のドアを叩いていたのは大きな紙袋を持った背の高い女だった。

しかも、俺がドアを開けたことに気付いた女はゆっくりとこちらに顔を向け、ニタ〜っと笑った。

どう見ても普通のまともな女性ではない。

それ以前に……生きている人間には到底思えなかった。

慌ててドアを閉めたが、時既に遅し。ノックの音は隣の部屋から俺が泊まっている部屋へと移動してしまった。

それこそドアだけでなく、壁や天井、床、そして窓と、あらゆる場所がノックされるようになった。

ふと誰かの気配を感じて窓を見ると、さっきの女が窓ガラスにへばりつくようにしてこちらを覗いていた。

……その部屋は五階にあったというのに。


俺は思わず部屋から逃げ出そうとしたが、何故か部屋のドアが全く開かない。

そんな時、突然俺の携帯が鳴った。

それは、Aさんからの電話だった。


Aさんは、俺が何かまくしたてる前に、いいから黙って携帯をその女のほうに向けてくださいと指示してきた。

すると、途端に女の姿が跡形もなく消えてしまった。


遠隔でも霊力というのは発せるのだ、とその時初めて俺は知った。

それまでは持つことが嫌で仕方のなかった携帯が、その一件以来、俺には手放せないお守り代わりとなったのだった。

更に言えば、Aさんは心霊スポットが大嫌いだ。

最初、Aさんからそう聞かされた時、俺はてっきりAさんが怖がっているのだと勘違いしてしまった。

だが、それは誤りだったらしい。

どうも、面倒臭いことには巻き込まれたくない……というのが真相のようだ。

つまり、Aさんにとっては恐ろしい心霊スポットも単に面倒臭い場所なのだ。

それが俺にも分かったのは、ある出来事があってからだ。

その心霊スポットでは近づいた者だけでなく、怪異が伝染するように、関係のない人達にまでが障りが出ることで有名な場所になっていた。日頃から、

心霊スポットなんか行く奴が馬鹿なんです。

だから全て自己責任ですね！

そう言っていたAさんだったが、その心霊スポットに行ってもいない友人が怪異に悩まされ、日常生活にも支障をきたすという事態が発生してしまった。
少し考えた後、Aさんはたった一人でその心霊スポットに出向いた。

全てを浄化するために……。

結果として、Aさんが無事に戻ってきてからはその場所は空気からしてガラッと変わり、完全に心霊スポットでも禁忌の場所でもなくなってしまった。
まさに驚くべき力の持ち主である。
だから俺が幾多の怪異や霊障に遭いながらも何とか無事にブログや本の執筆が続けられているのは、間違いなくAさんのお蔭なのだ。

まあ、ああいう性格だから、Aさんに面と向かってお礼を言ったことはないのだが、心の中ではいつも感謝しているのは事実である。

叔母

彼は幼い頃、叔母の家に預けられていた。

母親が重い病気だったらしく、頼りの父親も出張の多い仕事で、面倒を見ることは不可能だった。

そこで、まだ小学校にもあがっていない彼の世話を、母の妹である叔母に頼んだのだという。

叔母は若い頃に一度結婚していたが、すぐに離婚してしまい、その当時は独り身だった。子供もいなかったので、甥っ子の彼を我が子のように可愛がってくれたという。

欲しい物は何でも買ってくれたし、彼の好きな料理は何でも作ってくれた。

寝る時も同じ布団で、いつも一緒。

彼はいつしか叔母のことを二人目の母親のように感じていたそうだ。

結局、叔母の所には中学にあがるまでお世話になっていた。

その間、実の母親が亡くなる悲劇もあったのだが、叔母の存在があったことでずいぶんと救われたという。

ところが、中学にあがる頃、父親の仕事が落ち着いてきたこともあり、彼は親元に帰ることになった。

父親と一緒に暮らせることが嬉しい反面、叔母と離れ離れになってしまう悲しさが同時に押し寄せてきて、彼はとても複雑な気持ちだったそうだ。

何より、そうと決まった時の叔母の半狂乱ともいえる取り乱し方を見て、とても心が痛んだという。

だから、最初の頃は毎月のように叔母の家を訪ねては寂しがる叔母を慰めた。

叔母と過ごす時間は楽しかったし、彼女の嬉しそうな顔を見るだけでこっちも幸福な気持ちになれた。

ただ、帰り際は執拗に引きとめられるので、それだけが少し重いというか、申し訳なく感じていた。

しかし、父親との生活が始まって数ヶ月も経つと、彼自身新しい友達も増えてきて、これまでとは意識が変わってきた。

多くの他の中学生同様、友達と過ごす時間こそが最優先の時間になったのである。

そんな彼の元に、叔母は自分から通ってくるようになる。

家だけではなく学校にまで彼を迎えに来るようにもなった。

その頃から彼は叔母のことが少し面倒臭くなったらしい。

叔母が会いに来ても、わざと居留守を使うこともあったし、学校にまで来た時には酷い言葉を浴びせたこともあった。

それでも、叔母には何も届いていなかったようなのだが……。

決定的だったのは、父親が転勤になり、彼もそれに帯同すると決まったことだったという。

彼自身、今の友達と別れるのはとても辛かったが、反面、これでやっと叔母の呪縛から解放されるかもしれないとも思い、父親と一緒に移住することを決めた。

叔母の家から転勤先までは電車でも五、六時間ほど掛かる距離だった。

それでも叔母は、毎月のように彼に会いに来た。

これには父親もかなり困惑していたようで、親戚に相談すると、祖父が叔母に厳しく言ってくれたらしく、それからはパッタリと来なくなった。


そうして、叔母の存在は彼の頭の中からどんどん薄れていった。

高校に進み、大学を出て社会人になった頃には、完全に疎遠になっていたという。

その後、彼は結婚し幸せな家庭を持つこともできた。

叔母のことを思い出すことはますますなくなり、叔母の存在はもう、その他大勢の親戚の中の一人という程度に薄まっていた。


そして、それはちょうど彼が三十二歳の誕生日の日。

何処から知り得たのか、その夜、叔母が彼の家を訪ねてきた。

驚いたが、終始ニコニコしている叔母にかつての異常さは感じられず、彼も終始笑顔で対応した。

家の中にあがるように何度も勧めたが、叔母は固辞する。

ここでいいからと、決して玄関から中にあがろうとはしなかった。

そして、風呂敷に包まれた荷物を手渡すと、

「これは開けないで、ずっと大切に持っていてほしいの」

それだけ言い残して叔母は機嫌よく帰っていったという。

荷物の中身は気になったが、叔母から開けないように言われたこともあり、彼はその言葉に従って、中身は見ずに和室の床の間に置いておくことにした。

それから三日後のことだった。

彼の元に叔母の訃報が届いた。

自殺だと聞かされた時には驚いたし、何より罪悪感のような気持ちも少しだけ湧いたという。

葬儀には出なければ……と思ったが、親戚筋から固辞されてしまった。

自殺ということもあり、ひっそりと葬儀を済ませたいと言われてしまえば彼も納得するほかない。

それから数日は何も起こらなかったという。

そして、叔母の死からちょうど一週間ほど経った頃。

突然、祖父が亡くなり、立て続けに祖母も亡くなった。

きっと寂しくて叔母が連れて行ったに違いない……。そんなふうに言う親戚もいたが、彼はちっとも気にも留めなかったという。

しかし、それから一ヶ月と経たないうちに叔父が亡くなり、従姉妹も一人亡くなった。

そうなると、さすがの彼も気持ち悪さを感じるようになった。


本当に叔母が連れて行ったのかも……。


恐ろしくなった親戚の一人がお寺に頼んで御祓いをしてもらった。

しかし、それでも親族の死の連鎖は止まらなかったという。


やがて、彼の身辺でもおかしなことが頻発するようになった。

昼間、友人が彼の車とすれ違ったらしく、後でこんなことを言ってきた。

「お前の横に知らないおばさんが乗ってたけど、誰？」

特徴を聞けば、まさに叔母としか思えない。

留守番電話にも意味不明な録音が毎日のように残されるようになった。

言葉を聞き取れるようなものではないのだが、やはりその音声も叔母の声そのものだった。

夜も寝つきが悪い。何度も夜中に目覚めてしまう。

そしてついに、枕元に座った叔母がじっと彼を睨み下ろしている姿を視てしまった。

ある日曜日、彼と妻が買い物から帰ってくると、家の中に叔母が立っていた。

あっと思った瞬間、叔母は彼らの目の前でフッと消えた。

以来、妻は体調が悪くなり働きにも行けなくなった。

彼も仕事中、原因不明の事故で対向車とぶつかってしまうなど不運が続いた。

車が全損だった割には怪我の程度は軽く、それ自体は幸運と言えなくもない事象であったが、もはやそんなことはどうでも良かった。

叔母に呪われている……。

彼の頭の中はその恐怖で一杯になっていた。
毎日、怪異に怯え、相変わらず親戚もぽつぽつと亡くなっていく。
彼は途方に暮れた。
もう助からないのかもしれない……。
悲愴感に苛まれ、抵抗する気力も奪われていく。

そんな時、別の叔父が心臓発作で亡くなった。
彼は悲しみと共に恐怖したが、その叔父が亡くなる直前、彼に電話を掛けてきて留守番電話にメッセージを残してくれたのだ。

「おい、あいつが持ってきた荷物を持っているのならすぐに燃やせ」

その言葉だけが録音されていた。

彼はすぐにその叔父の遺言に従って以前叔母が持ってきた風呂敷包みの荷物をそのまま燃やした。

中身が何かなどどうでも良かった。

とにかく彼にはそれしか思いつかなかったのだ。

結果として彼の身辺から怪異は一掃された。

その叔父は親戚中に同じ伝言を残したようで、それ以後、親戚から死者が出ることもなくなったという。

それでも彼は、震えた声でこう言った。

「こんなもので終わったとは思えないんです……」

あの叔母の恨みは、そんな簡単に消えるはずはないんですから——と。

自殺者を呼ぶ

これは霊感が強い知人から聞いた話。

彼は幼い頃からずっと普通の人には見えないモノが見えている。

最初は人間か霊なのかすら判別が付かなかったらしいが、最近ははっきりと区別できるらしい。


そんな彼が二番目に嫌な場所は、飛び降り自殺の多いビルやマンションなのだという。

彼はいつもこう言っている。


自殺が多い場所っていうのは特別なんです。

普通の場所とは違って、その場所で自殺するというのは完全にその場所に呼ばれているんだと思いますよ。


それはどういう意味かと聞くと、彼はこう続けてくれた。

普通のビルやマンションなどには、ソレらは視えないんです。

でも、自殺が続いているビルには必ずと言っていいほど、ソレらがいるんです。

以前、偶然飛び降り自殺の場面に遭遇したことがあるんですけど、その時も自殺しようとしている人の背後を固めるようにしてソレらがピッタリとくっ付いてるんです。

そうなったら、もう逃げられないんでしょうね……。

まるで操り人形にでもなったみたいに。

翌日にはそのビルの下に花束が供えられていましたから。


ソレね、増えていくんですよ。


そのビルから飛び降りて死んだモノが、またソレらに加わる。

きっと成仏すらできないんでしょうね。

そのままそのビルに留まって、新しい仲間を呼び寄せる。

だから、自殺の多いビルの屋上には、ソレらがウジャウジャいますよ。

その姿は飛び降りて死んだままの無残な姿。

とても直視すらできませんから……。

そう言われて、俺は素直な疑問をぶつけてみる。

「それじゃ、一番嫌な場所はどこなの？　やっぱりビルじゃないの？」

すると彼は、顔をしかめて身震い一つ。

「いえ、飛び込み自殺の多い駅ですかね」

と、ぶっきらぼうに答えた。

「えーと……それは、どうして？」

彼は心底嫌そうな顔で、

「言わせないでくださいよ。思い出したくもありませんから」

とだけ答えてくれた。

やはり、自殺者の霊は仲間を探し続けるのだろうか。

許し

彼女と初めて出会ったのは、俺が懇意にしてもらっている住職のお寺だった。

その寺には霊障に悩める人達がよく相談にやってくる。

だからその時も、ああ、またいつもの相談者かと、その程度にしか思っていなかった。

しかし、よくよく見ると、彼女が座っている空間だけが何故か張り詰めた空気感で満たされている。

何かに怯え、半ば絶望したかのような表情がとても気になってしまい、何となく目が離せなくなった。

だから俺は少し遠巻きに聞き耳を立てていたのだが、彼女の声は小さく、住職の声しか聞こえてこない。

そして、何度目かの沈黙の後、住職が深く頭を下げ、それに呼応するように女性は立ち上がった。そのまま踵を返してお寺の本堂から出て行く。

住職に依頼を断られたであろうことは容易に想像が付いた。

しかし、本堂を出て行く彼女の顔が妙に引っ掛かる。

彼女は……笑っていたのだ。


きっと霊的な悩みを抱えてこの寺を訪れたに違いない。

それを住職に断られたならば、普通打ちひしがれるほかないだろう。

そんな状態で笑っていられる相談者なぞ、ただの一度も見たことがない。

だから後で、一体どんな相談だったのかと住職に聞いてみたのだが、珍しく渋い顔で首を振られてしまった。


「この話には首を突っ込まないほうがいい」


理由が知りたかったが、そう言われてしまえば俺にはどうすることもできない。

納得はできなかったが、そのことはさっさと忘れることにした。

しかし――もしかしたら運命というものが作用していたのかもしれない。
それから一ヶ月と経たないうちに、再び俺は彼女に会うことになった。

それは知り合いの男性霊能者さんの家だった。

何処で聞きつけたのか、彼女はその霊能者さんの家にまで押しかけてきていた。

しかし、やはりその時も、その霊能者さんに断られてその家を後にするところだった。

俺はいても立ってもいられず、初めて彼女に声を掛けた。


「あの、何かお困りですか……？」


霊能者が断っている案件に、素人の俺が何を言ってるんだという話だが、その時はするりとその言葉が出てしまっていた。

慌てて、「他の強力な霊能者さんを紹介することもできますけど……」と付け足す。

彼女は少し困惑した顔で俺に頭を下げ、

「宜しくお願いします……」

と小さな声で呟いた。

それから彼女と会う機会が増えていった。

本来なら彼女を霊能者の元に連れて行かなければならなかったのだが、彼女はいつもやんわりと断る。

「それはまた後日でお願いします……今日は貴方にお話だけでも聞いて頂ければそれで十分ですから」

そう言われて、喫茶店やファミレスで話を聞いたり、酒を飲みながら相談事を聞いたりしていた。

今思えば、彼女は強い力を持った霊能者には決して会おうとはしていなかったのかもしれない。

実際、彼女から聞く話の内容は、世間話だったり、抽象的な霊の話だったり、なかなか彼女自身の問題の核心に迫るものではなかった。

そんな時、俺は懇意にしてもらっている霊能者Aさんから連絡を受けた。

あなた最近、女性と会って話を聞いてあげているようだけど、今すぐ止めてくださいね。

命を落としますよ、と。

その連絡を受けて、俺は最初に彼女と出会ったお寺の住職のところに飛んでいった。

あの時、彼女からどんな相談を受けていたのかどうしても聞きたかったのだ。

住職は、相変わらず話を誤魔化そうとしていたが、俺があの女性と会って相談を受けているると聞くと、血相を変えてAさんと同じことを言った。

「馬鹿か、お前は！　命を落とすことになるぞ……」

そして、ため息をつきながらようやく真実を話してくれた。

彼女の家系は大昔の呪詛によって呪われているんだ。

もう手の施しようがない。

きっと全ての家族・親戚一同が死に絶えることになるだろう。

彼女がここに来た時、こう相談されたんだ。

自分の中にいる呪いの元凶をどうやったら消せるか？

どうしたら自分だけは生き残れるか？　ってな。

今回の呪いは大昔の呪術者のものだ。

それはもう地獄にいて、こちらからは手の出しようがない。

だから、あの女性には近づくな！

あの女性から具体的な話を聞いてしまう前に離れろ。

もしも聞いてしまったら、それだけでもう手遅れになるかもしれん。

ワシだって、そしてあのAさんにだって、手に負えないモノだってあるんだ——と。


俺は二度と彼女には会わないようにした。

それでも、それから何度か彼女の話を耳にした。不思議と人づてに俺の耳に入ってくるのだ。

住職から聞いた通り、どんどんと家族や親戚が亡くなっているようで、何度目かに話を聞いた時には、既に生き残ったのは彼女だけになったと聞いた。

その時、Aさんがぽつりと俺に教えてくれた。

まあ、あの女性だけが生き残るのは分かっていましたから。
だって、あの女性そのものが呪いの元凶なんですから。
そして、彼女自身、それに気付いています。
だから、彼女はこれからもずっと普通に生きていけますよ。
誰かを呪いの犠牲者として巻き込みながら。
勿論、自分の身代わりとしてね。

あの呪いが彼女だけを殺さなかったのは、彼女が許されたからじゃありません。
彼女を媒介として更に呪いを広げていくためですよ。
だから殺さなかっただけ。
彼女は呪いの宿主として最適だった。きっと近い魂を持っていたんでしょう。
そして、彼女自身もそれに気付いていて、獲物が近づいてくるのを待っている。
まさに似た者同士という訳です。
だから私はね、あの女性が誰とも関わらずに、静かに一人で死んでいってくれるように祈ってるんですよ——と。

そして、最後にAさんは俺をまじまじと見ながらこう言った。

「それにしても、彼女はどうしてKさんに呪いの話をしなかったんですかね？　巻き込もうと思えば簡単だったはずなのに……」

不思議、不思議。

そう言われて俺は思わず背筋が冷たくなった。

消えていく

彼がそれに気付いたのは、ちょうど三十歳になった頃だった。

本当に何気なく本棚から引っ張り出してきた写真アルバム。

懐かしさを感じながら見ていると、彼はあることに気付いて思わず息を飲んだ。


自分の姿が消えている……。


アルバムに収められている写真の殆どには彼が写っているはずだった。

しかし、まるで合成写真でも見ているかのように彼の姿だけがそれらの写真から消えていた。

何かの間違いかと思い何度も見直したが、やはり彼が写っているはずなのに彼の姿だけが消えているものがかなりあったという。

更に、その中には彼が一人で写っているはずの写真もあったが、それは被写体のないただの風景写真に変わっていた。

誰かの悪戯なのか？

最初は本気でそう思ったという。

しかし、これほど違和感のない合成写真など見たこともなかったから、もしかしたら最初から自分はその写真には写ってはいなかったのかもしれないと、無理矢理自分に言い聞かせた。

スマホの写真や友人達が持っている写真も確かめたが、それらにはちゃんと彼の姿が写っている。

だから、その時ばかりは彼もホッと胸を撫で下ろしたという。

以来、彼は頻繁に自分の写真アルバムをチェックするようになった。

そして、ちょうどその頃だ。

知人を通して彼が俺の所に相談に来たのは……。

その時、彼は泣きそうな顔で説明してくれた。

「アルバムからどんどん自分の姿が消えていってるんです……友達と一緒に写った写真からも自分の姿だけが……。もう自分の姿が写っている写真はほんの数枚だけになってしまって。これって、どういうことなんでしょうか？　どう対処すれば良いのでしょうか？」

見せてもらった写真にはやはり彼の姿はなく、その部分だけがぽっかりと空いていた。しかし、そこには背後の風景がしっかりと写っており、誰が見ても不自然な所は見つけられない。

だから俺は的確な答えを返すことはできず、何の役にも立つことはできなかった。

知人から連絡が入り、彼が死んだことを知ったのはそれから二週間も経たぬ頃で、それは彼の三十一歳の誕生日手前のことだった。

彼が死ぬ直前、そのアルバムから彼の姿は完全に消えてしまったらしいのだが、彼が亡くなられてから遺影用にアルバムを確認してみると、そこにはどの写真にも元気な笑顔で写る彼の姿がしっかりと残されていたそうだ。

彼が死んだことで、写真の中の彼が再び戻ってきた――。

説明の付かない出来事がこの世には本当に多すぎる。
そして俺にできることはなかったのか、それを今も自問する。

海で死ぬということ

海の上には本当に不思議なことが多いんだ。

だから科学では説明が付かないことも普通に起きてしまう。

例えばな……。


そう言って話してくれたのがこれから書く話だ。


長い航海、見渡す限りの大海原では他の船が見えることすら稀だという。

それほどまでに果てしなく広い海というのは、爽快さより恐怖を感じるものなのかもしれない。

もしも船から転落してしまえば、きっと誰にも見つけられずに死んでいくしかないのだろう……。

それが本当に良く分かると叔父は言う。

そんな船乗り達が怯えるものが一つあるそうだ。

小さな船などは決して見つからない広大な海。

それなのに必ずと言っていいほど目に付くモノがある。

それは、海から突き出された〈手〉なんだそうだ。

遠くを進んでいく小さな船にさえ気付かないというのに、不思議なほど目に入ってしまう。

広大な海原に、一本の手が海面から突き出しているのが。

叔父も初めてその手を見つけた時には、遭難者かと思い大声で仲間を呼んだ。

しかし、仲間は叔父に対して激怒したのだという。

「やめろ！　声を出すんじゃない！」

と、声を殺しながら。

そして、こんな話をされたのだという。

海の中から突き出た手は、確かにこの海で死んだ者なのだろう。

嵐で船が転覆したか、それとも甲板から落ちてしまったのか……。

きっと不幸な事故に違いない。

しかし、あの手は決して助けを求めている訳ではないんだ。

この広い海原に独りぼっちで死んでいるのが耐えられないんだろう。

怖くて……寂しくて……。

つまり、あの手は、道連れを呼び寄せるための餌なんだ。

だから、もしもあの手を見つけても気付かないフリをしなくちゃいけない。

こっちが認識したことに気付かれたら、俺達はこの船もろとも引き寄せられて、そのまま向こうに連れて行かれちまうんだから。

可哀想だとは思うが、仕方がないことなんだよ……と。


伝説めいた話だが、それは船乗りの間では命に関わる真面目な決まりごとであった。

それからは叔父も、その手を見つけたとしても決して気付かれないように振る舞うようになったという。

しかし、その手は、船を見つけるとしばらくその船の後を付いてくるようであり、それが恐ろしくも物哀しいものに感じられるようになったそうだ。

やはり海で死んだ者は誰かに気付かれたくて仕方がないのかもしれない。

爪切り

「夜に爪を切ってはいけない」

この言葉は何度も聞いた覚えがある。

その理由は諸説あるようなのだが、ある時年配者から、昔は明かりも乏しく、暗い部屋の中で爪を切るのは怪我のもとになった。しかも、昔は医療も発達しておらず、下手をすればその指の怪我が命取りになることもあった。だから、昔の人は夜に爪を切ると怪我をしてしまい、下手をすれば親の死に目にもあえなくなる……そんな戒めがあるのだと教えられた。

それを聞いて、なるほどと納得してしまった俺だが、本当にそんなことが理由なのかと今更ながら考えてしまう話を知人男性から聞いた。

それがこの話だ。

彼は元々能登地方の出身であり、高校を卒業すると同時に、就職のために金沢へ移住してきたそうだ。

そんな彼の故郷では、夜の爪切りについてこんなふうに子供達を戒めているという。

夜に爪を切ってはいけない。

夜に爪を切ったら何かがやってきて、あの世に連れていかれるよ——と。

それを聞いた時、俺は地方ごとに色んな戒めの理由が存在するんだな、と興味深く感じた。

確かにそう言われれば子供達は怖がって夜に爪を切らなくなるだろう。

彼も子供の頃にはそれを信じて疑わなかったし、心底怖いと思うから、決して夜に爪は切ることはなかった。

しかし、大人になるとさすがにそんなのはただの迷信で、大人の作り話だろうと思うようになった。特に金沢に来てからはそんな古めかしいしきたりを考えることはなくなり、切りたい時に切ればいいと思っていたようである。

ところが、ある出来事があってからはやはり、決して夜には爪を切らなくなったという。

切らないというか、切れないのだ……怖くて。

彼は学生時代は柔道で鍛えていて、体格も良い。

そんな彼が何を子供のように怖がっているのか……？

それは、こんな出来事なのだという。


その頃、彼はまだ三十代で金沢市で会社員をしていた。

その日は連休を利用して、能登にある実家の農作業を手伝いに来ていたという。

彼の故郷も過疎化の真っただ中であり、若い者は高校を卒業すると皆、都会に出てしまう。残っているのは年寄りばかりなので、田植えや稲刈りなど人手が必要な時には、都会に出て行った者達が手伝いに戻ってくる。

それが当たり前になっていた。

その時は既に結婚していた弟夫婦も手伝いに来ていたが、農作業が終わるとそそくさと帰っていき、彼だけが実家に残る形になった。

コンビニに行くのにもかなりの距離を車で走らなければならず、彼は仕方なくテレビを観て暇を潰していた。

そして、ふと自分の爪が伸びていることに気付いた彼は、母親に爪切りを持ってきてほしいと頼んだ。

爪きりを持ってきた母親は、

「夜には爪を切るんじゃないよ！　朝になってから切りなさい。絶対だよ！」

そう言って去っていったという。

久しぶりにそんな言葉を聞いた彼は、なんだか懐かしくなってしまい、それでも朝まで待つのは馬鹿らしく、ビールを飲みながら縁側で爪を切ることにした。


パチン……パチン……。


もう五月だというのに、縁側に座っていると妙に風が冷たかった。

満月なのか月がやたらと丸く見える。

よく考えてみると、実家で夜に爪を切るのは初めてだった。

彼は先ほど母親から言われた言葉を思い出しながら、

(幾つになっても子供扱いなんだよなぁ……まあ、久しぶりに帰ってきたんだから仕方ないか)

そんなふうに思って少し笑った。

右手の爪を切り終えると、側に置いてあった缶ビールを飲み干して、今度は左手の爪を切りにかかる。

パチン……パチン……パチン……。

その時だった。
彼の耳は、自分の爪切りの音と重なるように別の誰かが爪を切っている音をとらえた。

え？

思わず爪を切る手を止める。
しかし、何も音は聞こえてこない。
ただ妙なことに気付いた。

先ほどまでは近くの道路を走る車の音や、虫の声が聞こえていた。
しかし、今は全くの無音だ。何も聞こえてこない。
まるで草木も虫も息を殺して何かに怯えているように感じたという。

彼は一瞬戸惑ったが、すぐにまた爪を切り始める。

パチン……パチン……。


やはり何かがおかしい。

自分が爪を切る音と、ほんの少しだけズレて同じ音が聞こえてくる。

彼は落ち着かなくなって、縁側から庭に向かって声を掛けた。


「誰？　誰かいるのか？」


しかし、応えが返ってくる気配はない。

やはり気のせいか……。

そう思い、また爪を切り始める。

するとまた同じ、音は微妙に遅れてついてくる。

気になって仕方がなくなった彼は、ほんの悪戯心で、爪を切るフリをして指に爪切りを当てて動かしてみた。

パチン……。

爪を切る音が聞こえるはずはない。
それなのに今、確かに爪を切る音が聞こえた。

しかも……自分の、すぐ後ろから……。

うなじの毛が一瞬にして逆立ち、体が硬直する。
すぐ後ろに誰かがいる。それも真後ろ。
振り返る勇気はなかった。
息を殺して背中に全神経を集中する。
すると、微かだが誰かの息遣いが聞こえたという。
男とも女とも判別できない、あえかな息遣いが……。
そして、今度は声が聞こえてきた。

キラナイノ……。

キッテアゲヨウカ……。


確かにそう聞こえた。

彼はもう生きた心地がしなかった。

実家にいるのは年老いた両親と彼だけ。

少なくとも両親はそんな悪ふざけをする性格ではなかった。

そして、庭の草木の合間から、無数の何かがこちらを見つめるような視線をはっきりと感じた。


どうすればいい……どうすればいい……。


必死に考えるが妙案は浮かばない。

それどころか、こんな危機的状況に置かれているというのに、酷い睡魔が襲ってくる。

寝たら駄目だ……寝たらお終いだ……。

そう思えば思うほど不自然な睡魔が脳を侵していく。

彼はもう必死だった。

死にたくないと本気で思った。


だから、そんなことができたのかもしれない。


彼は爪切りを自分の指に深く食い込ませると、勢い良く爪切りを握ったのだ。

指の肉が切れる感触と同時に、「バチン!」という大きな音がした。

「ぐあぁぁあああ!」

それが睡魔から逃れるために彼が思いついた一か八かの方法だった。

鋭い痛みに意識が引き戻され、同時に背後の気配がぱっと消えた。

気付けば、虫の音が戻っている。

外を走る車の音も。

彼は慌ててその場から立ち上がると、血が滴る指を押さえながら両親がいる居間へと駆け込んだという。

その後、病院へ連れていかれ治療を受けた彼は、帰宅後、両親からこっぴどく叱られた。

全く、いい大人が何をしているんだ！　と。

そして、こんな話もしてくれたそうだ。

「夜に爪を切ってはいけない」というのは、ここでは単なる迷信やしつけではない。

この土地で昔からあった怪異を戒めとして伝えているのだと。

すなわち、夜に爪を切っていた者達が行方不明になったり、無残な姿で発見されたりする事件が過去に実際にあったのだという。

両親が子供の頃にもそうした事件が伝えられていた。

以来、彼は能登の実家だけでなく、何処にいても夜に爪を切ることはしなくなったという。

俺はその話を聞いて、軽い気持ちで言ってみた。

「どうせならさ、背後に何がいるのか、振り向いてみればよかったんじゃない？」

すると、彼は真顔になって静かに首を振った。

「あの時振り返っていたら、俺はここにはいないと思う」

……あれは見てはいけないものだから。

その顔は本当の恐怖を知っている者の顔だった。

夜の口笛

もう一つ、有名な迷信というか禁忌に纏わる話がある。

これは知人男性が高校生の頃に体験した話である。


彼が住まれ育ったのは兵庫県の北部。

兵庫県といえば神戸や芦屋など海沿いのお洒落な街を想像してしまうが、兵庫県というのは、実は縦に長い県であり、下は瀬戸内海、上は日本海まで繋がっているということを最初に知った時、かなり驚いた記憶がある。

実際、兵庫県の人口密集地は瀬戸内海沿岸に限定され、北部に行くに従ってかなりの田舎になる。

その中でもかなりの過疎地で生まれた彼は小学校と中学校は近所の分校のような校舎で学ぶことができたらしいが、高校ともなれば、かなり長い道のりを、自転車やバスを乗り継いで通学しなければならなかった。

だから、部活動で遅くなる日は街中にある親戚の家に泊めてもらっていた。

彼の家がある集落は、街からバスに揺られて一時間以上、そしてバスを降りてからは、自転車で三十分以上掛かる山村にあった。

両親は常々、彼にこう言い聞かせていたという。


夜に、この山道を一人で帰ってくることだけは絶対にやめなさい。

帰りが午後六時を過ぎる場合はもうこっちには帰らず、必ず親戚の家に泊まりなさい！


そう厳命されていたそうだ。

確かに街の親戚は彼のことを快く迎えてくれたし、他の従兄弟達も皆、高校に行くようになると、夜になってから山へ帰ることは絶対にしなかった。


ただ、彼はどうしても納得がいかなかった。

女子高生ならともかく、男子高校生がどうして夜道を怖がる必要があるのか、と。

しかし今となっては、そんなつっぱった考え方をしたことをとても後悔しているという。


その日、彼は部活動で遅くなってしまった。

本来なら、親戚の家に泊まるのが決まりだったが、翌日が休みだったので、どうしてもその日のうちに自分の家に帰りたかった。

悩んだ末に、彼は夜道を一人、自転車で帰ることを決断する。

外は雨が降っていたが、今日は家に帰ると決めてしまえば、さほど気にはならなかった。

高校から十分ほど歩いてバス停に着く。

いつもなら、高校にほど近い親戚の家まで歩いていく時間帯だったから、暗くなったバス停を利用するのは初めてで、新鮮だった。

バスが到着し、待っていた生徒達が一斉にバスの中へと乗り込む。

そして、これは、いつもの見慣れた光景ではあるが、バス停に停まる度に、学生達が次々とバスから降りていき、三十分もしないうちに乗客は彼一人になった。

(田舎の集落から通ってる奴なんて俺くらいのもんか……)

そう思ったという。


雨の中、彼と運転手だけが乗るバスはどんどんと街の灯りから遠ざかり、暗い山道をゆっくりと上っていった。

そして、彼が降りる終点のバス停に到着した際、時刻は既に午後八時を回っていた。

闇の中にポツンと浮かび上がるバス停は彼がいつも見慣れているバス停とは全く別のものに見えたという。

彼は運転手にお辞儀をしてバスから降りると、バス停の横に停めてある自分の自転車へと歩み寄った。

ここから更に三十分、ずっと山道を自転車で登っていかなければならない。

そう思うと、いつもとは違う気の重さを感じた。

自転車のシートに腰をおろし、一気にペダルを漕ぎだす。

別に怖いという感じではなかった。

ただその時は何か、妙な胸騒ぎを感じていたらしい。

彼は自転車を漕ぎだしてからすぐにライトを点灯させた。

もう、ライトなしでは前方が見えないほどの暗さだった。

幸い、バスに乗っている間に雨はあがってくれたようだが、またいつ降りだすか分からない。

これは早々に帰ったほうがいいだろう。彼はペダルを漕ぐ足に力を入れた。

山道を自転車で登り始めて十分位経った頃、やはり雨が降り始めた。

雨足はどんどん強くなっていき、遠くでは雷鳴が轟きだした。

これは何処かで雨宿りをするほかないと思った彼は、道路から少し傾斜を登った場所に大きな木を見つけ、その木の下で雨雲が遠ざかってくれるのを待つことにした。

真っ暗闇の中での雨宿りは気分の良いものではなかったが、この辺りは昔から彼が友達とよく遊んでいた一帯だったので、さほど不安は感じなかった。

しかし、一瞬、雷鳴が轟き、辺りが真っ白に光る様は、不気味としか言いようがなかったという。

きっと雷鳴の後の静けさに耐えられなかったのだろう。

気が付けば無意識に口笛を吹いている自分に気付いた。

そして、あることを思い出していたという。

それは祖母父がいつも言っていた言葉。


夜に口笛を吹いてはいけない。

特に一人きりの山の中では絶対にいかんぞ！


やはり夜に口笛を吹いてはいけないというのも何かの迷信なのだろうか？

ヘビが出るとか、泥棒が出るとか、そういう言い伝えもよく聞く。

山の中で、という但し書きが付くのは一般的でないかもしれないが、同じようなものだろう……そんなことをぼんやりと思った。


と、次の瞬間——彼は心臓が止まりそうになった。

雷が鳴り響き、辺りが一面白く浮かび上がった刹那、彼の前方十メートル位のところに、半ズボンを履いた小学生くらいの男の子が立っているのが見えた。


「うわっ！」


思わず声を出してしまった彼は、恐怖の中、もう一度辺りを確認する。

しかし、暗闇に慣れているはずの彼の目は、先ほどの男の子の姿を確認することができなかった。

（気のせいか……？）

そう思った時、また雷が鳴り辺りが白くなる。

そして、先ほどの男の子が自分の五メートルほど前に立っているのが見えたという。

無表情な顔。

そして、さっきよりもずっと近くなっている……。

考えている余裕はなかったという。

彼は一気に山の傾斜を駆け下り、自転車にまたがると、その場から一気に走り去った。

雨が酷く、雷も鳴り続けていたが、そんなことはもうどうでも良かった。

とにかく、先ほどの男の子からできるだけ遠くに逃げなければ……。

その一心だった。

無我夢中で自転車のペダルを漕ぎ続ける。

先ほどの男の子の無機質な顔が脳裏に浮かび、ペダルから足が外れそうになるが、必死で前に踏み込み、ペダルを回すことだけに集中した。

あいつは、何者なんだ？

いつから、あそこにいたんだ……？

考えれば考える程、恐怖が彼を支配していく。
それでも、必死で山道を駆け登っていると、次第に雷が止み雨も弱まってきた。

もう少しだ……。

頑張れ！

彼は一瞬たりとも足を止めず、自分自身を鼓舞し続けた。
すると突然、道の横にある林の奥から大きな口笛が聞こえてきた。

ピー……ピー……ピー……ピー……。

それは「こっちを見ろ」とでも言わんばかりに何度も何度も聞こえてくる。
彼は、わざと林のあるほうとは逆を向いて、必死に自転車を漕ぎ続けたという。

お願いします……。

助けて……。

彼は誰にともなくそう祈り続けた。

しかし、口笛の音は遠ざかるどころか、ますます大きく近くなっていく。

彼は一言も発しないまま、渾身の力でペダルを踏み降ろしていた。


止まったら、殺されてしまう……。

口笛の聞こえるほうを見ても駄目だ……。


そんな確信にも似た恐怖を感じていた。

やがて、前方に彼の家の灯りが見えてきた。

彼は、門のところで自転車を放り出すと、そのまま走って玄関へと急ぐ。

家の窓からは照明のあたたかな光が漏れていて、彼の恐怖は少しだけ和らいだ。

そうして転がるように玄関に飛び込んだ彼は、急いで中に入って鍵を閉めた。

何事かと出迎えた家族にとにかく家中の鍵を掛けてくれと頼むと、彼はその場にへたり込んで先ほど体験したことを話したという。

それでも「そんな馬鹿なことがあるはずないだろ！」と、叱責されることもなかば覚悟していた。

ところが、両親や祖父母は真顔で彼の話を信じてくれたという。

そして、彼を仏壇の前まで連れていくと、家族全員でご先祖様に助けを乞う。

彼も必死に両手を合わせて祈った。

どうかご先祖様、助けてください……と。


すると、誰かが玄関のドアをガンガンと叩いている音が聞こえてきた。

彼の家族はもう全員が家の中にいたし、そんな時間に訪ねてくる者などいるはずもなかった。

玄関を叩く音に混じって、先ほど確かに聞こえていた口笛の音が聞こえてくる。

そして、家を揺らすほどの震動が響き渡った。

彼はもうパニックになって、

「あの口笛だ！　あいつが来たんだ……！」

と何度も繰り返したが、青ざめた顔で目を血走らせた父親に頬をぶたれ、

「死にたくなかったら喋るな！　連れていかれてしまうぞ！」

そう言われて、ガチガチと震える口を必死で押さえ続けたという。

そんなことが二時間ほど続き、口笛も、玄関を叩く音もぱたっと聞こえなくなった。

その夜は父親の提案で、彼を囲むように布団を配置して家族全員が一つの部屋で寝ることにしたという。

夜中、コンコンと窓を叩くような音が何度も聞こえたが、家族に囲まれているという安心感から、そのままじっと耐えることができたという。

無事に朝になり、その日は父親が車で学校まで送ってくれることになった。

助手席に乗り込み、家から山道へと出た瞬間、彼は再び恐怖に凍り付いた。

そこには、昨夜彼が放り出した自転車が転がっていた。

ただし、原型も分からないほどに潰され、無残に破壊された状態で、だ。

「あのさ……昨日の奴は一体なんなの？」

震えながらハンドルを握る父に聞くと、硬い声で遮られた。

「今はその話はするな。それに知らないほうがいい」

そう言われて、会話を一方的に切られてしまったという。

祖父母にも聞いてみたが、やはり答えは変わらない。

「知らないほうが良いこともある」

「早く忘れろ」

それでお終いだった。

結局、その時の男の子が何者だったのか、いまだに分からないままだ。

ただ、大人になった今でも決して夜に口笛を吹かないようにしているということだ。

真夜中に聞こえる

これは、我が家で今も続いている紛れもない怪異である。

娘がソレを聞くようになったのはかなり前のことだという。

大学に入り、資格試験と課題に取り組むためか、以前に比べて娘の就寝時刻はかなり遅くなっていた。

そんなある日曜日の朝、唐突に娘がこう聞いてきた。

「あのね、お父さん……。昨日の夜に大きな事故があったのを知ってる？」と。

しかし、事故で目が覚めた記憶もなく、朝の道路は何事もなかったかのように普通に流れている。

そして、新聞にもそんな事故の記事は何処にも載っていなかった。

だからその時は、

「そんな大きな事故が起きたのなら、きっとお父さんもお母さんも目が覚めちゃうよ。だから気のせいなんじゃないか？」

そう答えてその時の話は終わった。

しかし、それからも日曜日の朝になると娘は同じことを聞いてくる。
「昨日の夜も大きな事故があったみたいなんだけど……」と。
さすがに不思議に思った俺は、
「その事故っていうのはどんな感じなんだ？　車同士がぶつかったような事故なのか？
それとも人が轢かれたような感じの音かな？」
と聞いてみた。
すると、娘は本当は思い出したくないんだけど……という表情で、ぽつぽつと語る。

それが聞こえるのはいつも午前一時半を回った頃なの。
甲高い急ブレーキの音が聞こえて、かぶせるように女の人の絶叫が聞こえる……。
それから、凄い衝突音がするの。
でも、救急車の音も聞こえないし、警察のサイレンも聞こえないんだよね……。
もしかしたら、私、頭がおかしくなっちゃったのかな……？
でも、それが凄く怖くってそれからずっと寝られないの。

娘からそう説明された後も、いまひとつピンと来なかった俺だが、その後に娘から「それでね、絶叫が凄すぎてずっと耳から離れないの……」と言われて、初めて忘れていた記憶がぶわっと蘇ってきた。


それは、今から二十年以上前の出来事だった。

会社の仕事を家に持ち帰り、見積もりや書類作成をすることに慣れていた俺は、その夜もいつもと同じようにパソコンに向かって仕事をこなしていた。

夏の暑い夜だった。

それでも夜になると気持ちの良い風が部屋の中へと入ってきてくれたから、エアコンを切って夜風に当たりながら黙々と仕事を続けていた。


そこに突然聞こえる、急ブレーキにタイヤが悲鳴をあげる音。


その直後、絶叫とも取れる女の悲鳴が聞こえたかと思うと、そのまま凄まじい衝撃音が俺の耳に入ってきた。

周りの空気が凍り付いたように静まり返っていた。

思わず仕事の手を止め、外から聞こえる音に耳をすませた。
だが、外からは何も聞こえなかった。
いつもはひっきりなしに走っている車の走行音すら聞こえない。
まるで、周りの全てが息を殺してその音の正体を探っているかのように……。
時計の針を見ると、時刻は午前一時三十五分くらい。
それにしても異常だった。
大きな事故が起こったのだとしたら、警察や救急車のサイレンが聞こえるはず。
それが全く何も聞こえてこない。
俺は、静かに自分の部屋を出て一階へ降りると、急いで玄関へと向かった。
靴を履き、玄関から静かに外へ出ると、念のために鍵を締めた。

何事もなければそれで良いのに……。

そう思っていた。
ただ、もしも事故であったならば早く警察に連絡しなければ……。
そんな焦りが入り混じった思いだった。

そして、家から十メートルほど進み国道へと出た俺は、その場で目が点になってしまう。

車が太い電柱に完全にめり込んでいた。

フロント部分にめり込んだ電柱が、助手席部分まで達しており、その勢いで車は完全に斜めに傾いた状態で停止し、白い煙を上げていた。

その場には既に近所の住民が何人か立ち尽くしていた。

「警察と救急車は？」

と聞くと、

「もう呼んだんだけど……」

と返事が返ってきた。

誰も車には近づけなかった。

本来ならば人命救助に当たるのが義務なのかもしれないが、その状態を見てしまったら素人の人命救助など、もう何の意味も持たないとすぐに理解できてしまった。

それでも一人の男性が車のほうへと少しずつ近寄っていくと、俺を含めて他の者達も、無意識にそれと同じ行動を取った。

焦げ臭い匂いが鼻を突いた。

きっと、その場にいた者は皆、俺と同じ考えだったのだと思う。

それは何らかの理由で救急車の到着が遅れているのだとしたら、自分達にも何かできることがあるのではないか……という思いだ。

しかし、その場にいた俺達は事故の酷さが理解できる距離まで近づいた時、その思いが絶望へと変わるのを感じた。

運転手は潰れた車のフロント部分にめり込むようにして全く動かない。

それよりも凄惨だったのは、助手席に座っていたであろう女性の姿だった。

最初、それが人の顔だとは認識すらできなかった。

ダラリと上半身をボンネットの上に垂らしたその女性はまさに血まみれという状態であり、その顔はありえない角度に曲がり、首と胴体は皮一枚で繋がっていた。

その場にいた数人はすぐにその場から走り去り、少し離れた場所で苦しそうに嘔吐していた。

そして、俺達は救急車が到着するのを待って、その場から離れた。

自分の部屋に戻り窓をすぐに閉めたが、それでも体の震えは止まらなかった。

何とか眠りに就こうとしたが、先ほどの光景が目に焼きついてしまい、朝まで一睡もできなかったのを憶えている。

結局、その事故ではレスキュー隊が出動し、車から二人の体を取り出すまでにかなりの時間を要したようだった。

翌朝の新聞はあえて見なかった。

あの二人が助からなかったのは明らかだったから……。

それから俺は毎日のように夜中の午前一時半過ぎになると、車の急ブレーキ音と女性の絶叫に、ハッと目を覚ますようになった。

ちょうど今の娘と同じように……。

しかし、それも一年と経たないうちにすっかり消えてしまった。

記憶が薄れていくようにその時の恐怖も薄れていったのだろう。

だとしたら、どうして俺と同じように娘がその急ブレーキの音と絶叫を今になって聞かなければいけないのか……？

娘は今も毎週日曜日の午前一時半過ぎに、その音で目を覚ます。

土曜日だけは早く寝るようにしたが、それでも、その音が耳に飛び込んできてハッと目が覚めてしまうのだそうだ。

その音をどうやったら止められるのか？

そもそも、どうしてそんな音が聞こえてしまうのか？

その理由が分かる可能性はあまりにも低いが、一日でも早く娘にその事故の音が聞こえなくなるのを祈るばかりである。

見えていたモノ

「私、自殺だけは絶対にしないって決めてるんです！」

知人の紹介で怖い体験をしたことがある、という彼女から話を聞こうとした際、最初に言われたのが、その言葉だった。

まあ、俺も自殺する勇気はないので同じだが……。

「で、今回聞かせて頂けるというのは自殺に関する話ということですか？」

と俺が尋ねると、彼女は小さく頷いてゆっくりと話しだした。

彼女は金沢市内にある賃貸マンションに住んでいる。

その一帯は高級マンションが乱立している地域であり、小さいながらも会社を経営している彼女は、それまで住んでいた古いマンションから数ヶ月前に新築の賃貸マンションに越してきた。

昼間は仕事に追われ、夜は仕事関係の会食。

そんな感じだったから、彼女は四十歳半ばという年齢まで独身を貫いてきた。
言われてみれば確かに実年齢よりもかなり若く見えるし、何より知的な印象のある女性だった。

その頃は仕事でもプライベートでも悪いことばかりが続いていたのだという。
そのせいか、せっかくの休日も何処にも出掛ける気にはなれなかった。
全てが面倒くさくなってしまい、何もする気が起きなかったのだそうだ。
休日はマンションの部屋からぼんやりと外を眺めて過ごす。
そして、たまにベランダに出て、空を見上げる。
そんなことをしていると、意識がふわふわとしてきて、不思議な心持ちになった。

ここから飛び出せば、そのまま空を飛べるんじゃない？
もしもそのまま落ちてしまったとしても、そのほうが楽になれるのかも。

無意識にそんなことを考えていた。
もう一つ、ベランダに出ると、いつも気になる部屋があった。

それは向かいに建つ別のマンションの一室。

彼女の部屋とちょうど同じくらいの高さにあったその部屋には、どうやら彼女と同じように独り暮らしをしている男性が住んでいるらしかった。

しかし、その男性が窓を開けてベランダに出てくるところは一度も見たことがなかった。

おまけに、どうやらその男性は働いていないのか、いつも部屋の中にいた。

休日はともかくとして平日、仕事の途中で忘れ物を取りにマンションへ戻った時にも、その男性は部屋の中にいるのが分かった。

何かにぶら下がるようにじっとしていたり、そうかと思えば部屋の中をゆっくりと歩き回ったりしている。

どうも何かを探しているような仕草だ。

彼女はだんだんその男性のことが気になってきた。

どんな境遇なのか？

一歩も外に出ないで、いつも部屋の中で何をやっているのか？

どうして働いていないのにあんな良いマンションに住めるのか？

そんなことをつらつらと考える機会が増えた。

ある日の夜、彼女がマンションのリビングで持ち帰った仕事をしていた時のこと。

ふと視線を感じて窓の外を見ると、そこには意外な光景が広がっていた。

いつも気になっていた向かいのマンションの男性が、こちらに向かって「おーい！　おーい！」と叫びながら手を振っているのだ。

暗くて顔までは分からなかったが、その部屋は間違いなくあの男性が住んでいる部屋だった。

（こんな深夜に？）

ちょっと驚いた彼女だが、悪い気はしなかった。

彼女も仕事の手を止めてベランダに出ると、童心に返ったように向かいの男性に向かって大きく手を振り返す。

ただ、さすがに声を掛けることはしなかった。

もう夜も遅かったし、何より無粋に感じられたから。

しばらくそうしてその男性と手を振り合っていると、このままベランダから空中を歩いて向こうのマンションのベランダにまで行けるような気がしてくる。

だって、こんなにも近いのだから。

ベランダの手摺に身を乗り出すように手を掛けた所で、ハッと彼女は我に返った。

これではまるで自殺だ。

無意識にそんなことをしようとしていた自分が恐ろしくなり、彼女は急いで部屋の中へ引き返すと、窓を閉め鍵も掛けた。

また自分が自殺衝動に駆られるかもしれないと思うと、恐ろしかったのだという。


部屋に戻った彼女は、すぐにベッドに潜り込んだが、彼女の耳にはいつまでも
「おーい！　おーい！」

という声が聞こえ続けて、結局朝まで一睡もできなかった。

彼女は、もう二度と向かいのマンションのあの部屋を見まいと心に誓った。

そして、向かいのマンションの男性のことが意識から消えかけていた頃、ある事件が起こった。


向かいのマンションから、中年男性の自殺体が発見されたのだ。

死後三ケ月以上が経過していたという。

死因は首吊りによる窒息死。

既に腐乱した首は伸びきってしまい、胴体から分離していたそうだ。

だとしたら、彼女がいつも見ていたその部屋の住人は、自殺したその男性の姿だったことになる。

彼女は最後にこう言っていた。

私はずっと自殺したその男性の姿を見ていたんです。

首を吊った状態の男性が部屋の中を歩き回る姿や、こちらに向かって手を振る姿を。

やっぱり……私を道連れにしたかったんですかね？

湯涌温泉

金沢市に湯涌温泉という温泉郷がある。

古き良き情緒を残した金沢市の隠れ家的場所であり、文化遺産として古い建物や施設がそのまま残されている。

冬場にはかなりの積雪量になり、静かな雪景色の中で入る温泉は格別である。

ある意味、昔の金沢がそのまま残された場所。

そのせいか、ここでもよく霊の目撃談を耳にする。


以前、この地域には湯涌温泉を代表するような豪華で広大な敷地を持つ、白雲楼ホテルという随一の高級ホテルがあった。そこは、建物自体が文化遺産的に古いこともあってか心霊目撃談が多く、ホテル側もそういった噂を否定せず、逆に売りの一つにしていたという感覚があった。

大学時代の友人女性達がそのホテルを予約した際、地元の俺にお声が掛かり、現地で会ったことがあるが、どうやら観光ガイドからも「幽霊が見られるかも?」という説明がされるらしい。本当に幽霊が出るんですか？　と聞かれた記憶がある。

確かに、ホテル内は明治時代を思わせるような建築様式と内装で、かなり雰囲気があった。

壁に掛けられた古い肖像画など、もはや狙っているとしか思えない感じである。

華やかというよりは、しっとり落ち着いた雰囲気の温泉郷なので、そこでは怪異もまた、怖いというよりは懐かしく、しんみりとしたものになることが多かった。

この白雲楼跡地は言うに及ばず、江戸村や、竹久夢二ゆかりの場所もあり、古き良き時代の幽霊が見られそうな雰囲気なのだ。

今は新しくなったが、古い総湯では、俺も何度か霊的なモノを目撃している。

その際も、やはり怖さより懐かしさのようなものが先に立った。

そもそも、タイムスリップしたかのようなその場の景色にマッチしすぎて、そこにいるのが霊だと気付くのにかなりの時間が掛かった記憶がある。

全てが長閑でのんびりしているから、そこに棲まう霊達からも禍々しさというものが感じられないのかもしれない。

ただ、同じ湯涌と言っても、場所が変われば、また違った顔を見せるものらしい。

湯涌温泉から少し離れた場所に、染物やスクリーン印刷などが体験できる公共の施設がある。

誰もが気軽に染物や版画、スクリーン印刷を体験できる施設であり、芸術家達の作品発表の場としても利用されているその施設には、立派な宿泊施設がある。

学校の合宿で利用されることもあり、それなりに人気があるようだ。

確かに自然に囲まれたその施設は、芸術と触れ合うという点では最高の場所かもしれない。

それが、明るい昼間ならば……。

以前、仕事の関係でその施設がオープンする前に、訪れたことがあった。

夕方であったが、機器の納入・調整を行っているうちに、かなり遅い時間になってしまった。

時刻は午後十時くらいだったと思う。

建物から出て、駐車場まで歩き、車に乗ってその施設の敷地内から出る迄の間、俺は生きた心地がしなかった。

正直に言えば、もう二度と行きたくはない。

そこには、のんびりと落ち着いた湯涌のイメージからは程遠い、禍々しい程の不気味なモノ達が跋扈していた。

だから、もしもその施設に行き、宿泊するのだとしたら相当な覚悟が必要である。

県立中央公園

今は、「いしかわ四高記念公園」という名前に名称を変えているが、以前、その場所は「県立中央公園」という名前で呼ばれていた。

すぐ近くには県庁や市役所があり、兼六園も近く、それでいて繁華街の中にひっそりと佇む立地条件もあってか、休日ともなれば沢山の家族連れで賑わっていた。

ただ、芝生や少しばかりの木々があるだけの公園だったから、平日には訪れる人も少なかったのかもしれない。

彼女はその公園を、昼休みの憩いの場として好んで利用していた。

彼女の職場は、その公園の近くにあるデパート。

デパートということもあり、昼休みは交代で休憩することになっていた。

彼女が昼休みを取るのはいつも午後二時から三時の一時間。

その一時間の間に、のんびりとお手製の弁当を食べる。

そんな昼休みの過ごし方に、すぐ隣にあるその公園はまさに最適だった。

人が疎らにいるだけで、いつも静かに過ごすことができる。

仕事として一日中、接客に追われる彼女だったから、自由になれる昼休みには静かにのんびりと一人きりで過ごしたかった。

その日の天気も快晴だった。

彼女はいつものようにお手製のお弁当を持ってその公園に出掛けた。

しかし、公園の風景は明らかにいつもとは違っていたという。

広い公園とはお世辞にも言えなかったが、いつもなら彼女が昼休みを過ごしている間、必ず何人かは人がいた。

歩いたり、ベンチに寝転がったり、読書したり……。思い思いの過ごし方をしているのを目撃する。

しかし、その日に限っては彼女以外、誰もその公園内に見当たらなかった。

季節柄、確かに少し肌寒い感じはしたが、空は晴れ渡り、日差しが眩しいほどだ。

それなのに、公園にいるのは彼女一人だけ……。

そんな経験は初めてだった。

ただ、悪い気はしなかった。

不思議ではあったが、一人で公園を独占している気がして、少しだけ得をしたような気持ちになった。

彼女はいつものように弁当を食べ終わると、持ってきた本を読み始めた。
好きな作家のシリーズ物のエッセイだった。
彼女はしばらくその本に没頭し、ページをめくる度にクスッと一人笑いを浮かべたりしていた。

空気感が変わったのはその時だった。

ハッとして彼女は本から顔を上げた。
視界にはやはり誰もおらず、相変わらず自分一人しかいない。

今日は本当にどうしちゃったんだろう……？

もしかして今日は利用禁止の日だったのだろうか。
そう思いながらも再び視線を本へと戻した。

そして、唐突にそれは起こった。


突然、身動きできなくなったのだ。完全に金縛りだ。

金縛り自体が生まれて初めての体験だった彼女は、突然動かせなくなった体にパニックになってしまった。

目と指だけは何とか動かすことができると気付く。

しかし、それ以外は駄目だ。全く動かせない。

すると今度は、キーンという耳鳴りが聞こえ始める。

耳鳴りのほうは経験があったが、ここまで酷いのは初めてだった。

そして、耳鳴りに加えて頭の奥のほうが鈍く痛みだした。

(まさか、脳梗塞……?)

真っ先にそれを疑ったという。

早く誰かに助けを求めなければ……。

そう思い焦ったが、相変わらず体は言うことを聞かない。

その時だった。

誰かが目の前に立っていた。

正しくは、そう感じたというべきか。

助けを求めていたのだから、誰かが自分の前にやってきたのであれば、喜ぶべきなのだろう。

しかし、その時の彼女は震えが止まらなくなっていた。

ベンチに座り、俯いたままの状態でも、視線を動かして自分の目の前に立っているものを確認することはできる。

だが、恐ろしくてできなかったという。

もしも本当に何か恐ろしいモノが自分の前に立っていたら……？

それが人間ではなかったら……？

そう考えるともう駄目だった。

そのまま視線を動かさないようにじっとしているだけで精一杯だった。

そうこうしているうちに、ふいに辺りが暗くなった。

日差しが雲に遮られたというレベルではない。

一気に夕暮れのような暗さになっていた。


もしかしたら、自分は現世ではない場所に来てしまったのかもしれない……。

彼女はそう思って恐怖した。

耳鳴りのせいで音は何も聞こえない。

しかし、次の瞬間、彼女の耳は音を拾った。

目の前に立つ何かが、靴裏でジャリッと地面を掻く音だ。

思わずビクッとなってしまい、反射的に視線を前へと向けてしまった。


やはり、自分の前に誰かが立っている。

膝から下くらいまでしか見えなかったが、女だと思った。

白く汚れたハイヒールを履き、薄汚れたスカートを着ていたが、そこから見える足の細さはとても人間のものとは思えなかった。


全身がガタガタと震えだす。

と、その時――彼女の顔の前に何かが垂れてきた。

すぐに目の前に立つ女の長い髪だと理解した。

濡れているのか、その髪はとても冷たく感じられた。

それと同時に鼻を突くような海の香りが広がる。


殺される……。


何故か、そう感じた。

彼女は恐怖にぎゅっと目を閉じた。

すると、彼女のすぐ耳元で、

「またね……」


そんな声が聞こえたという。

耳元で聞こえた声に彼女は思わず、「うわぁ！」という声を出して上半身を仰け反らせた。

金縛りは消えていた。

体は普通に動かせるようになっていたし、耳鳴りもしなかった。

そして、目の前に立っていたあの女も、跡形もなく消えていた。

彼女は、すぐにベンチから立ち上がると、そのまま逃げるようにして公園から出たという。

それからは二度とその公園には近づかないようになり、更には海にも行かなくなった。

あの時、あの女が耳元で囁いた言葉。

そして、海の香り。

海に行ったら、またあの女に会ってしまいそうな気がする。

そして、今度は助からない……そんな予感がする。

「だから海は行かないんです」

そう彼女は締めくくった。

日記は続いている

彼女の息子さんが亡くなられたのは昨年の秋。

自殺だったという。

学校で酷いイジメに遭い、悩んだ末に通学路にある高いマンションの屋上から身を投げた。

まだ十六歳の高校生だった。

部屋に残されていた遺書には、ただ一言、
ごめんなさい。

楽にならせてください。

そう書かれていたのだという。

元々誰にでも優しかった息子さんは、既にいじめられていたクラスメイトを庇ってしまったことで新たな標的にされた。

そして、息子さんに対するイジメは、耐えれば耐えるほどエスカレートしていった。

毎日が苦しみと辛さの連続だったようで、それこそ自宅に戻ってからも気の休まる時間はなかったのかもしれない。

しかも、教師はイジメを目にしても見て見ぬフリをした。

息子さんが助けてほしいと直談判した際にも、その言葉をまともに取り合ってもくれなかった。

それどころか、何処から漏れたのか、息子さんが教師に告げ口をしたということがバレるとイジメは更に加速度的に酷くなっていった。

しかし、息子さんは両親には自分がイジメに遭っていることを知られたくなかったのかもしれない。

家ではいつも明るく振る舞い、怪我をしていたり衣服が破れていたりしても、転んだだけだよ！　と明るく返してくるだけだったという。

そんな息子さんの内面を見抜けなかった自分を彼女は責めていた。

いっそ、自分が代わりになってあげられれば……という言葉まで口にした。

それは、息子さんがずっと幼い頃から書き続けていた日記を読んでしまったからなのかもしれない。

俺も、その日記を読ませてもらった。

いつも、楽しかったことばかりを書いていた日記。

それが、イジメに遭いだした頃から少しずつ変わっていく。

「悔しい」という言葉が書いてあった。

それはやがて、「苦しい」という言葉に変わり、最後には「死にたい」という言葉に変わっていた。

そこには彼が学校の内外で受けていたイジメが詳細に書かれていた。

彼女達夫婦は、すぐにその日記を持って学校に乗り込んだ。

しかし、学校側の対応は明らかにイジメの存在を隠ぺいしようとしていた。

何度、学校に掛けあっても結果は変わらず、仕方なく彼ら夫婦は教育委員会にまでその日記を持ち込んだ。

しかし、その場で感じられたのは自分達の保身しか考えていない言動と対応だった。

その現実が分かった時、彼女達は社会に絶望するとともに、普通の幸せなどもう望まない、と決意したという。

彼女は言った。

このままでいたらきっと私は恨みの念が蓄積して、やがて鬼か化け物になるんだと思います。

勿論、それで構わないんですが、それまで待てそうもありません。

ですから、私はこの国の法律を犯すことにしました。

息子をいじめて自殺に追いやった生徒を一人でも二人でもこの手で殺してから、私も自らの手で自害することにします。

鬼や化け物にならないうちに……。

この気持ちは理解できないかもしれませんが、子供を殺された母親の気持ちは大なり小なり同じかもしれません。

法律で裁けないのなら、自分の手で事を成すしかありませんから。

私は間違っていますか？


こう聞かれ、俺は何も答えられなかった。

日記を読み、彼女の話を聞いただけで、俺にも怒りが込み上げている。

肉親の彼女の怒りはそれこそ測り知れない。

勿論、人を殺してはいけないという基本的な決まり事を破ることはあってはならない。

しかし、それだけで片付けられないものがある……。

俺が、何も言えずにいると、彼女からこう言ってきた。

即答で止められないだけでも嬉しいですよ。

無論、誰が止めたとしても私はやり遂げますけれど……。

そう言って彼女は唇を噛みしめた。

そんなことがあってから、俺はいつもニュースには気を配っていた。

彼女の起こした事件が流れてきやしないかと不安だったのだ。

そんなある日、突然彼女から連絡が入った。

急いで待ち合わせ場所に向かった俺は、以前の彼女からは想像もできないほど明るく元気そうな彼女の姿に少しホッとした。

俺を見つけて深くお辞儀をする彼女に、俺は早速声を掛けた。

何か元気そうで嬉しいよ！

少しは吹っ切れたのかな？

すると彼女は明るい顔で、

ええ、吹っ切れた訳ではないんですけどね。実は息子が帰って来てくれまして！

何でも学校では全てをなかったことにして、自殺した息子が馬鹿で弱かったんだって教師も学校も……生徒達まで吹聴しているみたいなんです。

まぁ、それで息子が帰ってきてくれたんですから感謝しないといけないんですけれど。

そんなふうに話してくる。俺が、

そんなことは……あり得ないでしょう？

現に、貴女の息子さんは悲しいことですがビルから飛び降りて自殺しましたよね？

その息子さんがどうやって帰ってきたっていうんですか？

と問い詰めると、

いえ、それは私達にもよく分からないんですけど……。
でも、あの子は、今も自宅の自分の部屋にいるんです。
置いておいた食事もきちんとなくなっていますし……。

そこまで聞いた俺は、もしかしたら彼女は悲しみのあまり気が変になってしまったのではないかと思ってしまった。
だから、続けざまにこう聞いた。

それじゃ、息子さんが帰ってきた訳だから、もう復讐じみたことはしないんですよね？
と。

すると、彼女は少し気味の悪い笑みを浮かべて、

まあ、私が復讐しようとしてもせいぜい一人か二人を道連れにできるかどうかですけど、あの子は私達の代わりにそれをやるために戻ってきたんです、きっと……。

そこまで聞いて、俺の胸騒ぎは止まらなくなった。

気持ちをしっかり持ってくださいね！

貴方がしっかりしないと！

そう声を荒らげたが、彼女は微笑みを浮かべたままだ。

Kさん、そうおっしゃると思って……と、カバンから例の日記を取り出し、俺に手渡した。

これがどうかしましたか？

そう尋ねると、彼女は嬉しそうに頷いてこう言った。

日記がね、また更新されてるんですよ。

そんな馬鹿な……と慌ててページをめくる俺の目に飛び込んできたのは新しい書き込みだった。死んだ日からしばらくの空白があり、再び日記が始まっている。

その筆跡は、どう考えても息子さんのものだった。

そして、そこに書かれていたことは……。


詳細をここで書くのは止めておく。

もしも息子さんが戻ってきたのが本当なのだとしたら、いずれ大惨事ともいえる事件が起きるはずなのだから……。

身代わり

彼は昔から女性にだけは不自由しなかったという。

いつも一人では飽き足らず、複数の女性と付き合っていた彼だから、女性に愛情を注ぐこともなかったのかもしれない。

自分が楽しければ何をしても良い。

そんな考えで生きてきたようだ。


当然、そんな彼に対して深い恨みの念を持つ女性もいたのだろう。

いつしか、彼の周りで怪異と呼べる現象が起こり始めた。

最初に異変に気付いたのは、朝、目覚める時だったという。


「起きて……」

という生気のない声に起こされた彼は、寝ぼけ眼で部屋から出て行く女性の後ろ姿を見た。

それは、母親や姉の姿には見えなかったし、念の為に確認してみたが、何寝ぼけてるの？と笑われてしまったという。


それから怪異が続くようになった。

家の中を歩き回る音が聞こえ、仕事をしていても、家にいても、何処からかひそひそと女性の独り言のような声が聞こえてくる。

更に寝ていると、毎晩金縛りに遭うようになったし、携帯に非通知の無言電話が頻繁に掛かってくるようになった。


そしてある日、彼の携帯に一本の電話が掛かってくる。

それは以前、ほんの短い期間だけ付き合ったことのある女性からの着信だった。

不思議に思い電話に出てみると、

「私のこと……憶えてる……？」

とだけ呟いて電話が切れた。

その夜、彼はいつものように金縛りにあった。

何か重たい物が布団の上に乗っている感覚にハッと目を覚ました彼は、その時ハッキリと見てしまった。


それは、見覚えのある女性の顔。

その彼女が、布団の上に覆いかぶさるような恰好で彼の首を絞めている。

喉元に喰い込む手指は力強く、氷のように冷たかった。

そして、また

「私のこと……憶えてる……?」


と呟くと、スッと消えた。布団が軽くなり、首に体温が戻ってくる。

恐怖でそれから一睡もできず、朝になって布団から起きだしてみると、部屋の中はめちゃくちゃに荒らされていた。

昨夜、首を絞めてきたのは昼間に電話を掛けてきた元カノに間違いない。

そこで、前日掛かってきた元カノの番号に電話を掛けてみるが、既に番号は使われていないというアナウンスが聞こえてくるだけだった。

そこで彼は共通の知り合いだった友人知人に連絡を取り、その女性の連絡先を聞き出そうとした。

すると、その中の一人から予想だにしない返事が返ってきた。


あの子なら死んだよ。自殺だってさ。

お前が気にするといけないと思って言わなかったけど、一ヶ月ほど前だったかな。


それを聞いて彼は愕然とした。

きっと自分は彼女に恨まれているのだろう。

自分は都合よく忘れているが、彼女に対して昔、酷いことをしてしまったに違いない。

だから、彼女のそんな想いが生霊になってやってきたのだろう……。

そう思っていた。

しかし、彼女がもう死んでいるということであれば、自分の元に現れているアレは生霊などではなく、死霊ということになる。
それは何と言うか……酷く恐ろしいことに感じられた。
彼は数日掛かて彼女の実家の住所を調べ上げた。
そして、怖かったが、彼女の実家に赴くことにした。
せめて、仏壇に手を合わせることで許しを乞いたい――切実にそう思っていた。

しかし、彼は勇気を振り絞って向かった彼女の実家で、絶望的な言葉を投げかけられる。
それは彼女の母親からの言葉だったという。

あの子は、死ぬことは少しも怖くないの！　と笑顔で言っていましたよ。
死んだら今度こそあなたとずっと一緒にいられるのだから……と。
四十九日の晩にはきっとうちの娘があなたを迎えに行くはずですから。
末永く仲良くしてあげてくださいね！　今度こそは！

そう嬉々とした顔で言われたという。
彼はそれから自分のしてきた行いを心から悔いた。

思い出せる範囲で、過去に彼が酷い仕打ちをしてしまった女性達に、自ら連絡を取り、謝罪の言葉を伝えた。

そんな姿が、彼に救いの手を向けてくれたのかもしれない。

友人の一人が御祓いや除霊で高名な僧侶を紹介してくれたのだという。

僧侶は彼の話を真剣に聞いた後で、
貴方が仏門に入り、僧侶となって人生を捧げるのならば救えるかもしれません。

これまでしてきた諸行を心から悔い改めて、供養のために生きるのなら……。

そう告げたという。

彼は、命さえ助かるのならと、その申し出に二つ返事で頷いたという。

僧侶は、早速彼を助けるために、丸二日間お寺にこもった。

勿論、彼と一緒に。

そして、丸二日が過ぎた時、彼の目の前に大きな人型の藁人形を持ってきた。

僧侶は、彼に体中の毛を少しずつ抜いて、その藁人形の中に入れるよう指示した。

彼は素直にその指示に従い、髪の毛など体中の毛を数本ずつ抜いて、その藁人形の中へ埋め込んだ。

そして最後に、僧侶は彼の体中の皮を少しずつ削いで、同じように藁人形の表面に貼り付けるように指示した。

これはかなり抵抗があったので勘弁してもらおうとしたそうだが、僧侶は真剣な顔で、

お前を呪って死んでいった者の怨念の凄まじさを全く分かっておらんようだな。

今もずっと、この寺の周りをグルグルと回りながらお前を探している。

もしも、断るのならば、それでも良い。

ただし、生きていることは叶わんだろう。

そう言われて、彼も腹を括った。僧侶の指示どおり、自分の皮膚をカッターナイフで剥いで、血が付いたままの自分の皮膚を藁人形に貼り付けた。

自分の血の付いた皮膚が貼られた藁人形は、とても気味の悪いモノに見えた。

そうして藁人形に貼られた皮膚が乾燥して、しっかりと貼り付いたのを確認すると、僧侶はこう彼に告げたという。


これが、お前の身代わりになってくれる。

これを今晩外に置いておくことにするが、明日の朝までは絶対にこのお堂から出てはいけない。

声も出さず、じっと目を閉じてご本尊に祈り続けなさい。

そうすれば、あの藁人形がお前の代わりになってくれるから——と。


日が暮れる前に藁人形がお寺の庭に放置されると、彼は僧侶が読み上げるお経に合わせて一心不乱に手を合わせ続けた。

そのうちに、彼は眠ってしまったという。


僧侶に揺り起こされた時、外はすっかり朝になっていた。

彼はそのままお寺の庭へと連れて行かれたという。

「これが、お前が受けるはずだった恨みの末路だ……」


そう言われて藁人形を見せられた彼は、その場でへなへなと崩れ落ちてしまった。

あまりの恐怖に立ってすらいられなかったのだという。

そこに置かれた藁人形は全身めった刺しにされた上、所々えぐられていた。

心臓の位置に至っては、完全に大きな穴になってしまっている。

更に両目と思われる場所には大きな釘が刺さっており、その首は引きちぎれるほどに何度もぐるぐると回されていたという。


僧侶は彼にこう言った。


人間の情というのは簡単に憎悪に変わるんだ。

そして、憎悪はいつか怨念になってしまう。

これほどまでの怨念というのは、つまりお前が今まで生きてきた不徳の表れだ。

だから、これからは、ずっとこの寺で過ごすしかない。

そうすれば、お前は生き続けられる。

しかし、万が一この寺から逃げ出すようなことがあれば、その時には命の保証はできないぞ……と。

彼がその時感じていた後悔の念というのは、決して嘘ではなかったのだろう。
それから半年の間、彼はそのお寺でひっそりと暮らした。
僧侶にはならなかったが、お寺の雑用を毎日必死にこなしていたそうだ。

しかし、時間というのは、後悔の念も恐怖をも薄れさせていくのかもしれない。
お寺に住み込み始めて半年後、彼は逃げるようにしてその寺を去った。

それからの彼の消息は不明である。

家族は捜索願も出したし、友人や知人の所にも彼の手掛かりを聞いて回った。
しかし、やはり彼は完全に行方不明になってしまった。

だから、俺はこう思う。

彼は連れて行かれてしまったのだ……と。

もうこの世の何処を探しても彼を見つけることは不可能なのかもしれない。

彼は今頃、自分を恨んで死んでいった女性と、向こうの世界でどう過ごしているのだろうか……。

想像するだけで恐ろしい。

怪異の真相

彼女は、以前は霊の存在など微塵も信じていなかったという。

そもそもオカルトに興味もなかったし、何より仕事が多忙を極め、そんなことを気にしている暇などなかった。

これから書く話は、そんな彼女が金沢市内の賃貸マンションに移り住んでからの話になる。


元々、白山市に住んでいた彼女は、できるだけ会社から近い方が良い、と職場のある金沢市内に格安の賃貸マンションを探していたのだという。

親元を離れ独り暮らしをしている彼女は、大学を卒業すると、そのまま金沢市内にあるＩＴ系の会社に就職した。

生来、頑張り屋の彼女だったから、数年後にはそれなりの人数の部下を持つリーダー的な立場になっていった。

ただ、それは彼女が望んだものではなかった。

彼女自身は自分の仕事だけに集中していたかったそうなのだが、リーダーという立場になってしまうと、自分の仕事のことばかりを考えている訳にもいかなくなり、部下を管理するという仕事も増える。

そのため、朝も早めに出社し、夜は誰よりも遅く退社するという生活になってしまっていた。

だからこそ、貴重な朝と夜の時間を少しでも長く使えるようにと、引っ越しを考えたのだという。

知り合いの不動産会社にも、良い物件があったら紹介して欲しい、と頼んでおいたが、どうやら彼女の希望する金額はかなり低い設定だったらしく、なかなか物件紹介の知らせが届かなかった。

そんな状況で、彼女自身も半ば諦めかけていたところ……。

ある日、不動産会社から待望の連絡が入った。

彼女は仕事中に抜け出して、早速その物件を見に行った。

最初にそのマンションに連れて行かれた時、彼女は思わず、「私の予算、分かってますよね？」と確認してしまったという。

彼女がそんな質問をしてしまうのも無理はない。その物件は金沢市の中心部に近い好立地で、おまけに築年数も少ない豪華すぎるマンションだった。

部屋の中も見せてもらったが、六階にあるその部屋はお洒落で広く、窓からの景色も最高だった。

部屋の中を隅々まで見て回った彼女は、やっぱり信じられずにもう一度しつこく聞いてしまった。

「本当にこの部屋があの予算で借りられるんですか？」と。

結局、その部屋がとても気に入った彼女はすぐに契約を済ませた。

契約をする際、日本酒を一口だけ飲ませられ、美味しいですか？　と聞かれたが、お酒好きの彼女が、はい！　と答えるとそれ以上は何も言われなかったという。

彼女はその日のうちに引っ越しの手配を済ませ、翌週にはそのマンションへ移り住んだ。

改めて住んでみると、駐車場には高級外車が並び、他の住人達も皆それなりにお金持ちに見えてしまい、本当に自分なんかが住んで良いのかと気が引けるところもあった。でもその反面、自分までお金持ちになったような気がして、ちょっぴり優越感に浸ったのも事実だ。


住み始めて一週間ほどは平和で夢のような生活が続いた。

しかし、それを過ぎた頃、不思議なことが起こり始める。

仕事から帰宅すると、部屋の中が朝とは少し違っているように見えたのだ。

それは、ぼんやりしていれば思わず見過ごしてしまうような些細なことだった。

テレビやエアコンのリモコンの位置がほんの少しずれていたり、開けておいたはずのカーテンが閉まっていたりとか……。

それ自体は生活に支障をきたすものでもなかったが、やはり気持ち悪さは拭えない。


もし、泥棒や不審者だったら……。

そう考えると怖かった。ただ、貴重品や下着が盗まれたということもなく、結局しばらくは様子を見ることにした。

そんなある日、彼女の部屋に遊びに来た友人が、こんなことを言いだした。

「ねえ、この部屋……出るでしょ？」

「え？　何が？」

意味が分からず聞き返すと、

「あっそっか、あんたゼロ感だもんね！」

と笑われた。

まさか、お化けとか幽霊の類かと聞き返すと、

「う～ん、そんな危険な感じはしないよ。あっちもあんたのことを怖がってるみたいだし」

そう言ってまたカラカラと笑う。

そして怖がる彼女に、友人はのんびりとした口調でこう言った。


別にこの部屋から退去するほどのもんじゃないから。

逆に独り暮らしが寂しくなくって良いんじゃないの？　――と。


その時は友人に対して「何を呑気なことを！」と少し腹が立ったという。


それからも不思議なことは続いた。

部屋にいると廊下を走るような足音が聞こえたり、物が勝手に棚から落ちたりする。

シャワーを浴びれば急に湯温が変わったし、テレビを観れば突然チャンネルが変わって幼児番組になってしまうこともあった。


確かにそれらも不気味な出来事だったが、何より怖かったのはここ数日、眠っていると知らぬ間に誰かが同じベッドで寝ている感覚があることだった。

金縛りに遭うこともなかったが、逆にそれが恐ろしかった。

それは、とても冷たく小さなモノであり、彼女は寝ぼけた状態で、できるだけ体を遠ざけるので精一杯だった。

ただ、不思議なことに、彼女が体を遠ざけるようにすると、その冷たく小さな何かは、それ以上は決して近づいてはこなかった。

お寺や神社に相談に行こうとも思った。

その時にはもう、それらの不可解な出来事が警察の範疇ではないことが、霊の存在を信じてこなかった彼女にも確信できていた。

しかし、やはり仕事の忙しさに追われ、なかなか相談に行く時間も取れなかった。

そんなある日、彼女が仕事に行こうとすると部屋の鍵が見つからなかった。

昨夜は仕事関係の飲み会の後、泥酔して部屋に帰ってきたところまでは覚えているのだが、鍵を何処に置いたのかが、全く思い出せなかった。

部屋中をくまなく探しても何処にも見つからない。

と、その時――。

彼女の目の前に鍵が落ちてきた。

幽霊に部屋の鍵を隠されたのだと怒りすら覚えたが、その時は遅刻しそうだったので、そのまま会社へと出かけた。

しかし、仕事をしているうちに、だんだんと記憶が蘇ってきた。
昨夜は泥酔して帰宅した際、シャワーだけでも浴びなくてはと思い、そのまま鍵をポケットに入れたまま脱衣所に脱ぎ捨てたのだった。

何か変な気持ちになった。

そして、それから何日目だっただろうか、彼女は決定的なものを見てしまう。
前日は午前二時頃に帰宅し、それまでも仕事の疲れで疲労困憊だった彼女は、目覚まし時計の音も聞こえず、そのまま眠り続けていた。
その時、突然耳元で、

「起きて～起きて～！」

という声が聞こえた。

ハッと目を開けた彼女の目の前には小さな男の子の顔があった。

彼女と目が合ったその男の子は、恥ずかしそうにしながらそのまま廊下をタッタッタッと走り去っていった。

玄関のドアを開ける音は聞こえなかった。


今のが……幽霊なの……?


しかし、何故か少しも恐怖を感じない。

男の子はまだ小学校にも行っていないような幼い姿だったし、何より彼女の顔を覗き込んでいた時の顔は、こちらを心配してくれているようだった。

彼女が目を開けたときも、一瞬、ホッとしたような顔をしていたのを覚えている。


考えてみれば、不思議なことは数え切れないほど起こっていたが、どれも「子供のいたずら」といえる程度のものだったし、その中には彼女を助けてくれたことも多かった。

シャワーを浴びていた時に湯温が変わった時も、少しお湯が熱くなった程度だったし、テレビのチャンネルが変わるのも、いつも彼女がつまらなさそうにだらだらと観ている番組の時ばかりだった。

お湯を沸かしているのを忘れて、そのままお風呂に入っていた時も、風呂から上がるとしっかりと消えていたし、彼女が泥酔してそのまま床に倒れこんで寝てしまった時も、朝起きると床で寝ていた彼女の上にふんわりと掛け布団が掛けられていた。


その時、彼女は友人の言っていた言葉を思い出したという。

「逆に独り暮らしが寂しくなくって良いんじゃないの？」

彼女はその瞬間、恐怖どころか、何か温かいものを感じて嬉しくなったという。

そして、部屋の中に向かって、

「これからもよろしくね！　仲良くしていこうね！」

と笑顔で声を掛けたという。

それからの彼女は、昼間仕事で部屋を空ける際には、お菓子を沢山置いていくようになり、夜寝ている時に誰かが布団の中に入ってくれば、しっかりと抱きしめて温めてあげるようになった。

数日後、不動産屋に出向いた彼女は単刀直入にこう聞いたという。

あの部屋、出ますよね？
部屋を出て行くつもりはありませんから、過去に何があったかだけでも教えてもらえませんか？

すると、不動産屋の年配の社員がこんな話をしてくれた。

数年前、あの部屋には若い家族が住んでいた。
ところが、母親が小さな男の子を部屋の中に残して用事で外出した際、そのまま男の子は熱中症で死んでしまった。

結局、その部屋に住み続けることもできず、その家族は遠くに引っ越していき、その後、夫婦は離婚した、と。

「きっと、その男の子が自分が死んだことも分からず、そのまま部屋の中にいるんでしょうね。それ以来、あの部屋に住まわれた方からは怪異が起こるという苦情が相次ぎまして。ただ、お客様がこのままあの部屋に住み続けて頂けるということでしたら、毎月の賃貸料は値下げさせて頂きますので……」。

その話を聞いて、彼女は色々と考えたという。

幽霊と一緒に生活するということに不安がなかった訳ではないが、先ほどの話を聞いてしまった時、彼女は思わず涙が溢れてしまっていた。

そして、彼女が出した結論は、ずっとその部屋に住み続けようというものだった。

もし自分がこの部屋を出て、別の住人が入居したらどうなるだろう。

怪異を恐れた住人が、あの子を消そうとするかもしれない。

もし、苦しさの中で除霊されるようなことになったら……そう思うと、耐えられなかった。

今では、その男の子のいたずらはかなりエスカレートすることもあり、姿を見せることも多くなってきた。

だが、彼女としては年の離れた可愛い弟のようなものだし、無邪気な魂に触れているだけで仕事の疲れも癒されるのだという。

何より男の子のお蔭で、安かった賃貸料は更に値下げされている。

「もう一生、ここにいるわ」

彼女は楽しそうに笑ってそう言った。

安全な心霊写真

彼は霊感があるのか、よく心霊写真を撮影してしまう。

はじめて心霊写真が撮れたのは、中学校の修学旅行だった。

京都のお寺で友人達を撮影した写真に、宙に浮かぶ幾つかの顔がはっきりと写り込んでいたのだ。

どの顔も苦悶の表情を浮かべ、此方を睨みつけてくる目が印象的だった。

最初は驚くとともに、自分が撮影したということに興奮し、友達にも見せて回っていたが、それも一段落してしまうと、今度はそれをどうやって処理すれば良いのかと不安になったという。

そして、どんな祟りがあるのか？　と不安な生活を送ることになった。

しかし、結局その写真は他の記念写真と一緒にアルバムの中に保管され、一年、二年と経過したが、祟りどころか怪異すら起こらなかった。

不思議なことに、一度心霊写真を撮ってしまったら、それからも頻繁に同じような心霊写真が撮れるようになってしまった。

彼はその度に友達にその写真を見せびらかすようなことをしていたが、やはり祟りも怪異も何も起こらなかった。


そんな経験から、彼は一つの確信を持つようになった。

それは、「心霊写真というものは危険なものではない」という持論だった。

確かに、数多くの心霊写真を撮影してきてもそれによって何か障りを受けることが皆無だった彼だから、そう思うのも致し方ないことだったかもしれない。

しかし、どうやらそれは単に「運が良かっただけ」なのだということを、その後、彼は身を以て知ることになる。


彼はその頃、既に社会人になっていて、休日になると趣味のバイクでツーリングに出かけるのを楽しみの一つにしていた。

最初は一人で走るのが楽しかったが、ある頃から仲間と一緒に走る楽しさに目覚め、とあるツーリングサークルに加入した。

そのサークルには老若男女、ベテランから初心者まで、総勢八十人位のメンバーがいたが、彼は全員で走り行く企画には参加することなく、彼と同じようなスポーツタイプのバイクに乗った、それなりのスピード狂だけが集まる企画のみに参加していたそうだ。

やはり初心者や、のんびり走りたい人達とはペースが合わず、ストレスを感じて楽しくなかったのだという。


そんな彼が、仲間十人ほどで伊勢志摩までツーリングに出かけた。

海沿いの道をそれなりのペースで走っていると、風光明媚な景色とも相まってとても気持ちよく走ることができた。

その後、民宿で一泊してから、無事に金沢へと戻ってきた。


そこまでは、いつもの楽しいツーリングだった。


彼は今回の旅でも一眼レフカメラを持ち歩き、こまめに写真を撮っていた。

自宅に戻ると早速パソコンを立ち上げ、撮影した画像を確認していく。

それは民宿で、宴会の際に撮影した一枚だった。


写真に写っている人数が一人多い。

知らない男性が一人写り込んでいるのだ。

その男性の顔は他の仲間達とは明らかに違い、青白く生気がなかった。

明らかに心霊写真である。

彼自身、そういったものは撮り慣れているので、普通の心霊写真ならばそれほど驚きもしなかっただろう。

しかし、その写真に写り込んだ男は異様だった。

カメラに向かって、左手の指二本でVサインを送っている。

そして、生気のない顔は少しだけ微笑んでいるように見えた。

さしもの彼も、そのような心霊写真は見たことがなかった。

別段、敵意や恨みの念などは感じられなかったし、何よりVサインをしているというところに、妙な親近感が湧いた。

ツーリングでは、すれ違った者同士がお互いの安全を祈ってピースサインを相手と交換する習わしがある。

現在では〈ヤエー〉というらしいが、要はツーリング時、対向車線でバイクとすれ違った時に、相手の安全を祈り激励の意味を込めて合図を送り合うのだ。

だから彼はその写真をツーリングサークルの仲間達に嬉しそうに見せて回った。

縁起の良いものとして……。

きっと、その土地で亡くなったライダーが俺達の安全を祈ってくれていたのだと。

そして、彼がそう説明すると、仲間達も納得したのか、大きく頷いていたそうだ。


しかし、その解釈は全く違っていたことを彼はすぐに思い知らされた。


その時のツーリングに参加した仲間達が次々に事故に巻き込まれていったのだ。

ある者は二度とバイクに乗れない体になり、またある者は半身不随になり、片足を失った。

彼自身も、仲間達と同じように事故に遭い、大切なバイクを全損した。

しかし、それらはまだ祟りとしては優しい方だった。

結局、その時ツーリングに行った仲間のうち、二名が命を失った。

おまけにその事故のどれもが、警察すら首を傾げるような不可解な事故だったという。


その時、彼はあっ！　と思い当たった。

まるで天啓のように真実が分かってしまったという。

あのVサインはピースサインの意味ではなく、「二人死ぬ」という意味だったのではないのか……と。

結局、彼はその件があってからすぐにバイクを降りた。

そして、写真を撮影することも封印した。


しかし、この話はこれだけでは終わらない。


彼はその事故の後、その心霊写真を処分しようとして幾つかのお寺や神社を回った。

即答で断られたところも多かったが、とある神社でその写真の供養を受けてくれた。

彼は安心して、やっと終わった……と思っていたそうなのだが、その後その神社から、彼に連絡が来たのだという。

例の心霊写真に写っている男性の指が、今度は4本になっている……と。
しかも、その写真だけはどうやっても燃やせない。
だから、くれぐれも気をつけてくださいと言われてしまった。
どうやらその心霊写真の祟りは、まだ続いていくようだ。

連れて帰ってよ

これは知人女性が体験した話である。

彼女は趣味で山に入ることが多いのだという。

と言っても目的は登山ではなく、山菜取りや山中での写真撮影、そして山の中にある神社を巡るというものだった。

山の中にある神社というのは、街中に存在する神社と違い、大きな社はなかったが、その代わりに、参拝する者もかなり少なく、鳥居をくぐっただけで周りの空気が一変したかのように感じ、心まで清らかになるのだそうだ。

そんな彼女はある時、車ではるばる出かけていき、能登のとある山の神社に行くことにした。

朝早くから家を出た彼女は、順調に車を走らせ続けた。

元々、車の運転が嫌いではなかったから、遠出のドライブもさして苦にはならなかった。

知らない道もナビを頼りに走っていく。

自動車道を降りて道なりに走ると、道はどんどん細くなっていき、気が付けば山の中に入っていた。

特に分岐点もなかったので、彼女はそのまま道なりに車を走らせる。そうしてしばらく行くと、もう車では走れないような道に出た。

彼女はそこで車を停車させ、今度は徒歩で山道を歩き始めた。


山を歩いている時、彼女は事前に調べておいた神社の由来を思い出していた。

その神社は、江戸時代よりも前の時代に、食べるものにさえ困っていた農民達が口減らしのために、山に自分の子供を捨てに来た場所に建てられたものであり、その幼い魂を鎮めるために建立されたものだった。

祀られている神様に関しての記述はなかったという。

そして、理由は分からなかったが、その山に入ったら、小石一つといえども決して持ち帰ってはいけない、という決まりがあったのをしみじみと思い出していた。

しかし、その手の決まり事は、神社のおわす山ではよくあるそうで、彼女も特に気にはしていなかったという。


山道を歩いていくと参道のような道に出ることができたので、彼女はその道に沿って登っていった。

すると、小さく薄汚れた鳥居が目の前に突然現れた。

本当に小さな鳥居であり、色もかなり薄くなっていたので、彼女は目の前に来るまでそれが鳥居だと気付かなかった。

彼女は立ち止まってお辞儀をすると、ゆっくりと鳥居をくぐった。


その瞬間、まさに空気が変わったという。


それまでも神社の鳥居をくぐった途端、空気が変わったように感じたことは何度もあったが、その時は明らかに空気が一変した。

しかも、「清々しい」とか「凛とした」という表現とはほど遠い、重くベタベタした空気に変わったのである。

その時、彼女は、その神社がもしかしたら悪い場所なのではないかと疑心暗鬼になった。

しかし、せっかく登ってきた山道だ。

お参りもせずに引き返す気にもなれなかったから、彼女はそのまままっすぐに歩き続けた。

やがて前方に小さな建物が見えた。


社と呼ぶにはあまりにも粗末な造り。

それを見た瞬間、自然と涙が溢れてきたという。

自分でもどうしてこんなに泣いているのか分からないほどに、後から後から溢れては頬を伝う……。


山小屋のような本殿に歩み寄った彼女は、その場で両手を合わせお参りした。

いや、お参りというよりも、彼女は不憫で仕方がなかったのだという。

その神社が建てられた由来は事前に知っていた。

不幸な境遇の子供達のことを思うと、いたたまれない気持ちでいっぱいになった。

しかし、元々の彼女はそんなふうに感情に流されるタイプではない。

どちらかというと、ドライでクールな感情しか持ち合わせていないのだと自分では思っていた。

それが、どうした訳かその時は悲しい感情が一気に押し寄せてきてしまい、いても立ってもいられなくなった。

彼女は目を閉じてその場にうずくまると、じっと両手を合わせて祈り続ける。
悲しい境遇の子供達の霊が安らかに眠れますように……と。

どれだけの時間、そうしていただろうか。

急に酷い耳鳴りがしたのを感じた彼女は、その場から立ち上がると、鳥居に向かって歩き始めた。
このような場所で耳鳴りがするのは危険なサインだと直感で悟ったという。

一刻も早く鳥居の外に出なければ……。

その一心で足を速める。
そうして歩きながら考えていた。

通常、神社というものは神様を祀っている場所。
だとしたらこの神社には、どんな神様が祀られているんだろうか、と。

その時、突然、背後から声が聞こえた。

家に帰りたい……。
お願いだから連れて帰って……。

それは明らかに子供の声だった。
まだ小学生になる前の男の子のような声に聞こえたという。
それと同時に、急に体が重たくなったのを感じた。
まるで背中に誰かがしがみついているかのような感覚。

彼女はその場で立ち止まってしまう。
重さで動けないのではなかった。
頭の中に恐怖と悲しみの感情が溢れ出してしまい、彼女自身どうしたら良いのか分からなくなったのだという。

まるで瘧《おこり》にかかったように体の震えが止まらない。
それと同時に嵐のごとく吹き荒れる悲しみの感情に、その場で泣き崩れてしまっていた。

私はここにずっといてあげなくてはいけない……。
こんなに寂しがっているんだから……。

彼女は、もはや立っていることもできず、その場でしゃがみこんでしまった。
そうしていると、何故か体が温かさで包まれていくような気がした。

とても心地の良い空間。

彼女は、沢山の子供達に囲まれているかのような錯覚を覚えた。
そんな中で目を閉じていると、何故かその場所がずっと前から知っていた懐かしい場所に思えてきたという。

その時、突然、彼女の携帯にメールが届いた音が聞こえた。

確かに、この山に登り始めてから、電話の着信もメールやラインの通知音さえ全く聞こえなかった。

いくら山とはいえ、圏外になるほど遠く離れた場所ではなかったのに……。

しかし、そのメールの通知音を聞いた時、ハッとした。


今すぐ帰らなければ、このまま帰れなくなる……。


彼女は急いで立ち上がると、再び鳥居の外を目指して歩き出した。

本当は走り出したかったが、相変わらず体が重く、歩くのが精一杯。

おまけに一歩踏み出すごとに、彼女の体はどんどんと重くなっていく。

まるで、沢山の何かが彼女の体を行かせまいと引っ張っているかのようだった。

彼女は、咄嗟に両手を合わせて、

ごめんね……ごめんね……。

私はまだ生きなくちゃいけないの……。

そう小さな声で呟いたという。

そうして何とか鳥居の場所まで戻り、その下をくぐりぬけた瞬間、彼女の体は嘘のように軽くなった。

そこからは一気に下山して帰路についたのだが、その間、やはり涙が溢れて止まらなかったそうだ。

そんなことがあってから彼女は二度とその山に近づかないようにしている。

自分はその山に立ち入るべきではない――そう感じたからだという。

ただ、彼女はそれからも知り合いに頼んで、年に数回、山への登り口の道路に、食べ物とお菓子を供えて、彼女の代わりに両手を合わせて祈ってもらっているということである。

靴

彼は趣味で登山をしていた。

趣味といってもかなり本格的な装備で、普通の登山客は決して行かないようなルートばかりを好んで登っていた。

元々はロッククライミングに憧れて登山を始めた彼は、常に危険と隣り合わせの登山に魅力を感じていたのかもしれない。

そのせいか、やはり彼の登山仲間にも滑落して亡くなられた方がそれなりの人数いると聞く。

そんな危険な登山を止める気はないのか？　と聞くと、

「どんなルートだって危険なんだ。安全な登山なんて存在しないよ！」

と答えるのだった。

そんな彼が、ある時、登山は止めることにしたと言ってきた。

それには、こんな出来事が関係していたそうだ。

その日、彼は北アルプスのとある山に登っていた。

その山はかなり険しく危険な場所が多いために、通常の軽装備の登山客は少なかった。

その代わり、本格的な登山をする者にとっては最高の山なのだと彼は言っていた。

難所といえるかなりの高低差がある危険な絶壁が並んでおり、彼はその絶壁を登るのを至上の喜びとしていた。

何日もかかって、ようやく頂上に登った時の喜びと充実感は他の山では味わえないのだ、と彼は言っていた。

そのルートで絶壁を登り続けていくと、だいたい三日ほどで危険な絶壁の場所を抜けられた。

そして、そんな場所を登るとき、彼はいつも一人だった。

勿論、その時も……。


それは一日目から起こった。

その日に登る予定だった絶壁を予定時間よりも早くクリアした彼は、段差のような少しだけ平坦な場所にキャンプを張ると、明日に備えて体力を回復すべく夕食を摂っていた。

そして、食後のコーヒーを飲みながら、その場所から見える何もない夜景を眺めていた時、ふと彼はそれを発見した。

ほんの少しだけの平坦な場所。
そのギリギリの地点に靴が揃えて置いてあった。
それは明らかに小さく、子供の靴にしか見えなかった。

どうして……こんなところに？

「まさか……こんな場所から飛び降りたなんてこと……ないよな？」

そう独りごちながら彼は少し笑った。
そんなこと、あるはずがないのだから。
こんな場所まで登ってこられる子供などいるはずもない。大人だって難しいのだ。
そこで彼は自分の頭の中で奇妙な出来事を想定して、無理矢理自分を納得させることにした。つまりこんな話だ。

きっと上から子供が靴を投げて、偶然、綺麗な形で揃ったのだろうよ、と。

彼はもうそれ以上、このことは考えないようにした。

その日のクライミングで疲労が溜まっていたし、余計なことは考えず、明日に備えて体力を回復させたかったのである。

彼はその夜、早めに寝ることにした。

ところが、彼の眠りは朝まで続かなかった。

深夜、テントの外に何物かの気配を感じて目が覚めてしまったのだ。

……おかしい。

ここは人はおろか、野生動物さえ来るはずがない場所なのに……。

彼は寝ぼけ眼で聞こえてくる音に耳を澄ませた。

ザッ、ザッ、ザッ……。

確かに誰かの足音だ。

草地を掻き分けるように歩く足音が聞こえる。

しかし、彼は何故かその時睡魔に耐え切れず、また眠りに落ちていった。

そして翌朝、まだ暗いうちに目を覚ました彼はテントから出て絶句した。

そこには、昨日見た子供靴の横に、もう一組の子供靴が整然と並べて置かれていたのである。

彼は何か不吉なものを見てしまった気がして、そのまま朝食も摂らずにそそくさとクライミングを開始した。

少しでも早くその場所から離れたかった。

二日目も順調だった。

途中、やはりお腹が空いてしまったが、携帯用の食糧を食べることで問題はなかった。

その日も予定より早い時間にその日の行程を終えた彼は、あらかじめ決めておいた昨日より少し狭い場所に小さなテントを設営した。

昨日のことが心に引っかかっていたのだろう。つい、辺りを見回し子供靴が並べられていないか確認してしまった。

幸いそんな物は何処にも見つからず、彼はほっと胸を撫で下ろした。


夕飯を食べ、また彼は山からの絶景を眺めながらコーヒーを飲んでいた。

そして、ふと、視線を横に流した時――。

彼の視界にまたしても子供靴が映った。

しかも、今度は四足の子供靴が綺麗に並べて置かれている。

そしてその中には……今朝、彼が見た物と同じ靴も含まれていた。


彼は急いでコーヒーを持ってテントの中に引っ込むと、内側からしっかりとファスナーを閉めた。

得体の知れない恐怖に包まれ、ばくばくと動悸があがる。

彼の頭はすっかり混乱していた。

今朝彼がいた場所から、他のルートでこの場所にやってくる方法はない。

だとしたら、どうして今朝見た物と同じ靴がここにあるのか？
どうして……靴が増えているのか？

彼はできるだけ余計なことは考えないようにして、その日も早めに眠りに就いた。

夜半、やはり何かの気配で目が覚めた。
靴を履いて歩く音に混じって、こそこそと話す子供の声も聞こえていた。
彼は息を殺し、恐怖で石のように体を硬直させていた。

こんな場所にいる子供など存在するはずがない。

もしもそんなモノがいるとすれば、それはもう……生きている人間ではない。

そう感じていたという。
しかし、その夜も何故か彼は急激な睡魔に襲われ、そのまま再び眠りに就いた。
翌日は朝暗いうちに目が覚めたが、どうしても恐ろしくてテントの外には出られず、外がすっかり明るくなるまでテントの中でじっとしていたという。

ようやく外が明るくなったのを確認し、彼は恐る恐るテントのファスナーを開けてみた。

透き通った山の朝日。そこに飛び込んできた光景に、彼は完全に硬直し絶句した。

そこには足の踏み場もないほど沢山の子供靴が、やはり整然と彼につま先を向けて並べられていた。


彼は急いで出発の支度をした。

勿論、下山するために。


このまま登っていけば、もっと恐ろしいモノを見てしまう……。

そんな気がしてならなかった。

不気味なモノを見てしまったこともあり、彼は慎重に下山を続けた。

念には念を入れ、いつもよりもしっかりとした頑丈な岩場を選んで金具を固定し、そこから長いロープを下ろして、慎重に降りていった。

何としてでも、その日のうちに麓まで降りてしまいたかった。
そんな気持ちになったのは登山を始めて初めての体験だった。
彼はできるだけ上も下も見ないようにして黙々と作業をこなした。

しかし、突然、頭上からクスクスと笑う声が聞こえ、思わず頭上を見上げてしまった。
すると、そこには岩場から顔を出して下を覗き込む沢山の子供達の顔があったという。
その顔はどれも満足そうに笑っており、見た瞬間背筋が凍りついた。

そうして何とか無事に下山した彼は、俺にこの話を聞かせてくれたのだ。

お前なら信じてくれるだろう？——と。

そして、こうも言っていた。

きっと俺はもうじき死ぬんだと思う。

きっと見てはいけないモノを見てしまったからな……と。


ここまで書いて、全て過去形で書いてある文章に気付かれた方もいらっしゃると思う。


結局、彼はその後、半年も経たずに亡くなった。

それは登山中の事故ではなかった。

そもそも、彼はその一件以来、登山をやめていた。

その日も仕事を終えて帰宅した彼は、食事の前に風呂に入ったそうだ。

そして、なかなか風呂から上がってこない彼の様子を見に行った妻に、絶命しているのを発見された。

死因は心不全とのことだった。

ただ、不可解な点が二つある。

それは、彼の死に顔が痛みより、恐怖に歪んでいたこと。

そして、もう一つは――

その夜、彼の家の玄関に、見たこともない数の子供靴が所狭しと並べられていたそうである。

彼ら夫婦に子供はいないということを付け加えておく。

影

彼女は以前、モデルの仕事をしていたのだという。

華やかな世界のように感じるが、実情はかなりハードな仕事であり、ロケ地に出向いてグラビア的な撮影をする仕事はごく稀であり、実際の仕事の殆どは、地味で厳しいものなのだという。

それでも、フラッシュライトを浴びてカメラマンに撮影されていると、まるで自分が世界中から注目されているような気分に浸ることができたという。そんな時は仕事の辛さも忘れられたし、とても幸せな時間だったそうだ。

それでは、どうしてモデルの仕事を辞めたのかと尋ねた時に話してくれたのがこれから書く話になる。

それに気付いたのは、衣料品関係のチラシのモデルとして撮影されていた時だった。

撮影していたプロカメラマンが、少し不思議そうな顔をしながらシャッターを切っているのが分かったという。

彼女は少し気になってしまい、撮影の合間にそれとなくカメラマンに聞いてみた。

何か変な所があるんでしたら言ってくれれば直しますが……と。

するとカメラマンは思い出したように、

ああ……別に気にしなくて大丈夫ですよ！

本当なら影ができてしまうようなカットなのに何故か影ができないんですよね。

何だろ？　手間が省けて逆に助かってますよ！


そうにこやかに答えてくれたという。


その後、無事に撮影は終わったのだが、やはりその時カメラマンから言われた言葉がずっと心に引っかかっていた。

彼女は何となく撮影の度に、自分の影がちゃんとできているかを確認するようになった。

するとやはり、自分の影が消えてしまう瞬間というのが確かに存在した。

いつもは確かにちゃんとある。

しかし、何の前触れもなく、突然彼女の影は消えていた。

一度気になりだすと、止まらない。

撮影という特殊な環境下だけではなく、日常生活でも彼女は自分の影を意識するようになった。

そうして日々注意深く見ていると、どうやら撮影以外の時でも彼女の影は消えることがあると分かった。

同時に気になることがあった。

それは、彼女の知っている人が大怪我をしたり事故に遭ったりすることが多くなったように思うのだ。

しかも、それらの人物は、内心彼女が快く思っていなかった人達ばかりであった。

最初はつい、いい気味だと思ってしまった。

しかし、彼女は自分の影が消えている時間がどんどん長くなっていることと、それに比例して、友人や知人だけでなく、彼女の親戚までもが事故に遭ったり危険な目に遭ったりすることが増えているのを感じていた。
その時、初めて彼女は影が消えていることと彼女の周りで起こり続ける不幸の連鎖について関係性を疑うようになった。

お寺や霊能者といわれる人達にも相談したが、埒が明かない。
彼女は途方に暮れてしまった。

そんな時、彼女は遠く離れて暮らす兄と電話中、些細なことで喧嘩をしてしまった。
そして翌朝、彼女の元に信じられない知らせが入る。

兄が、突然死したというのだ。

彼女はさすがに恐ろしくなって、モデルの仕事を辞めた。
今では昼間に寝て、夜間はずっと漫画喫茶で働くという仕事に就いている。

私は日の当たる場所で生きてはいけないんです……。
もう誰も死なせたくはありませんから。
だから、これからもずっと夜の暗闇の中で暮らすことにしました。
それが私にできる唯一の手段なんです。
最後にそう言って、彼女は生気のない目をつぶった。
そして、その時も——やはり彼女に影がないことに俺は気付いてしまった。
しかし、俺にはそれを彼女に伝える勇気はなかった。

著者あとがき

闇塗怪談シリーズも早いもので今回が五冊目となる。

いつも「今回で最後かもしれない」と思いながら書き綴ってきたのだから、五冊目ともなると信じられないような不思議な高揚感がある。

元々は会社のブログに怖い話を書き始めたのがきっかけだった。

それ自体、いつまで続ければ良いのか、迷いながらの作業だった。

それが色んな方達の目に留まることになり、本として出版するという夢の実現にまで繋がった。

正に身を以て「人生、何が起こるか分からない……」と知ることになった。

最初の一冊目はブログの中から選んだ話が殆どを占めていた。

しかし、二冊目以降は全て書き下ろしに拘っている。

勿論、普通は書き下ろしが当たり前なのだろうが、私の場合、ブログにもどんどん話をアップしており、それ以外に文庫本用に書き下ろすというのはかなりの重労働だった。

最初は文庫本用とブログ用で別々に話を書いていた。

しかし、途中からはとりあえず書いてみて私自身がより怖さを感じた話を文庫本用として保存する方式に変わっていった。

つまり、今回の内容もすこぶる付きで恐怖を感じて頂けるものと自負している。

ただ怪談を文学として捉えられている方達には私の文章は少し異質かもしれない。

文章の巧みさで読み手に恐怖を与える術を私は持ってはいない。

実際、それが原因で悩んだこともあった。

しかし、最近、一冊目の闇塗怪談を久しぶりに読んでみてその内容の怖さを再認識できた。

つまり、私には技巧的な文章は書けないが、それを補って余りある、沢山の怖すぎる話が集まってくるという境遇があるのである。

私の元に集まってくる沢山の珠玉の怪談をそのまま文章にするだけでいい。

そして、今回もそんな珠玉の恐怖体験談を目一杯詰め込ませていただいた。

あとはお読みになられた貴方の脳内イメージが更に恐怖をもたらしてくれるだろう。

今回はいつもお世話になっている霊能者Aさんや富山の住職に関しても書いてみることにした。

私の交友関係を曝けだすようで恥ずかしい気もするが、やはり私の周りにいつもいてくれる三人の霊能者の力なくして私の話は成り立たないのも事実である。
この闇塗怪談も読み手の皆様の心の中に、ただ怖いだけではなく、私がいつも感じている大切な何かを感じ取って頂ければ書き手としてこれ以上の幸せはないのだから。

営業のK

二〇二〇年六月

闇塗怪談　醒メナイ恐怖

2020年7月4日　初版第1刷発行

著者　営業のK

カバー　橋元浩明（sowhat.Inc）
発行人　後藤明信
発行所　株式会社　竹書房
〒102-0072　東京都千代田区飯田橋2-7-3
電話03-3264-1576（代表）
電話03-3234-6208（編集）
http://www.takeshobo.co.jp
印刷所　中央精版印刷株式会社

定価はカバーに表示しています。
落丁・乱丁本は当社までお問い合わせ下さい。

ISBN978-4-8019-2295-2 C0193